AF359270

J. N. BARBA, POLLET, ET BEZOU, ÉDITEURS;

DELLOYE, ÉDITEUR DE LA FRANCE PITTORESQUE.

30 CENTIMES LA LIVRAISON.

IL PARAIT UNE LIVRAISON TOUS LES SAMEDIS.

LA FRANCE

DRAMATIQUE

AU

DIX-NEUVIÈME SIÈCLE.

Prospectus.

Le goût du théâtre est aujourd'hui général en France. Les productions énergiques et passionnées de l'école moderne et les gracieux tableaux de nos théâtres à la mode, excitent dans chaque genre les émotions les plus vives, et sont accueillies du public avec une égale faveur.

L'instruction, répandue dans toutes les classes de la société, augmente chaque jour le nombre des amateurs du théâtre, et leur permet de s'associer avec discernement aux appréciations des ouvrages d'art et d'esprit. Les attraits des jeux de la scène, autant que le plaisir d'une critique judicieuse, sont devenus les nobles passe-temps d'une population éclairée, spirituelle et impressionnable.

Le moment où l'art dramatique prend sa direction vers de nouvelles routes; où de nouveaux besoins intellectuels demandent à être satisfaits par une nouvelle littérature, était celui que nous devions choisir pour mettre sous les yeux du public les pièces à l'appui de la grande question littéraire qui se débat depuis quatre ans devant lui : le genre classique et le genre romantique ont choisi le théâtre pour champ de bataille, et la lutte y est engagée avec une ardeur qui ne peut que tourner au profit de l'art.

En publiant une collection complète des pièces jouées depuis quelques années sur tous les théâtres de Paris, nous mettrons le public à portée d'asseoir son jugement sur le mérite des genres, comme sur celui des auteurs; il pourra apprécier, par la lecture, la nature des sensations qu'il aura éprouvées à la scène, et réduire l'ouvrage à sa valeur réelle, en le dépouillant, dans le recueillement du cabinet, des illusions de la représentation, des prestiges du théâtre, et de l'animation des personnages.

Le service que nous rendrons aux personnes qui habitent la province est immense, car nous les tiendrons au courant du répertoire moderne, et nous suppléerons, autant que possible, aux théâtres qui manquent au plus grand nombre des villes des départements. Nous venons même au secours des gens de goût, qui ne peuvent pas supporter la représentation d'une pièce mal jouée, et qui s'estimeront heureux de la lire chez eux, et d'en étudier à leur aise les beautés ou les défauts.

La modicité du prix de notre collection est encore un des services que nous aurons rendus à l'art, en répandant ses productions dans toutes les classes de la société, dans les châteaux comme dans les fermes, car l'instruction aujourd'hui a pénétré par-tout : le riche propriétaire comme le fermier appréciera le plaisir d'égayer les loisirs d'une soirée d'hiver, ou le repos d'un dimanche, par la lecture d'un drame, d'une comédie ou d'un vaudeville, qui fait, au moment où il le lira, les délices des habitants de Paris.

La collection dramatique, que nous allons publier, avec un luxe si peu en rapport avec la modicité du prix, se composera du répertoire de tous les théâtres de Paris. Propriétaires des meilleurs ouvrages joués depuis long-temps, nous pouvons choisir dès ce moment dans notre nombreuse collection, qui s'enrichira par la suite de toutes les nouveautés, à mesure qu'elles paraîtront, et nous donnerons successivement au public les tragédies, les drames, les opéras et les vaudevilles les plus remarquables, dont le succès justifiera l'impression et réclamera une place dans notre recueil.

Tous les auteurs dont les ouvrages auront quelque éclat trouveront place dans LA FRANCE DRAMATIQUE. On y verra représentés par leurs meilleures pièces les auteurs dont les noms suivent.

Une entreprise aussi utile et aussi désintéressée est certaine des encouragements du public, qui, seuls, peuvent la faire parvenir au degré de popularité qu'elle doit atteindre.

LA COLLECTION DE LA FRANCE DRAMATIQUE

SE COMPOSERA DES PRINCIPAUX OUVRAGES

DE MESSIEURS

Amand (Saint).
Ancelot.
Andrieux.
Anicet-Bourgeois.
Antier.
Arago (Étienne).
Arnault.
Arnault (Lucien).
Arnould.
Aude.
Barré.
Basset.
Bawr (Mme).
Bayard.
Belmontet.
Belle.
Béraud.
Bernos (Alexandre).
Boirie.
Bonjour (Casimir).
Bossange.
Bouilly.
Brazier.
Brunswick.
Gaignez.
Castil-Blaze.
Carmouche.
Charles Nodier.
Chazet.
Choquart.
Cogniard.
Collin d'Harleville.
Comberousse.
Corse.
Courcy (Frédéric de).
Cuvellier.
Creuzé de Lessert.
Dartois (Achille).

Dartois (Armand).
D'Aubigny.
Deforges.
Delatouche.
Delavigne (Casimir).
Delavigne (Germain).
Delaville.
Delestre-Poirson.
Delonchamps.
D'Épagny.
Désaugiers.
Desfontaines.
Desnoyers (Charles).
Desvergers.
Dieulafoy.
Dinaux.
Dorvigny.
Drouineau.
Dubois.
Ducange (Victor).
Ducis.
Dumanoir.
Dumas (Alexandre).
Dumersan.
Demoustier.
Dupaty (Emmanuel).
Dupeuty.
Dupin (Henri).
Duport (Paul).
Duval (Alexandre).
Duval (Georges).
Duvert.
Empis.
Étienne.
Favières.
Ferdinand Laloue.
Fournier.
Francis.

Francis Dallarde.
Frédéric du Petit-Méré.
Fulgence.
Gabriel.
Gaillardet.
Gentil.
Gouffé (Armand).
Halevy (Léon).
Hoffman.
Imbert.
Jaime.
Jouslin de Lasalle.
Jouy.
Lafontaine.
Lafortelle.
Lamartellière.
Langlé (Ferdinand).
Lauzanne.
Lhérie.
Lemaire (Henri).
Lemercier.
Leuven.
Lockroy.
Lurine.
Mallian.
Maréchalle.
Marsollier.
Martainville.
Masson.
Mazères.
Mélesville.
Ménissier.
Merle.
Merville.
Molé (Mme).
Moreau.
Monvel.
Nanteuil.

Nezel (Théodore).
Ourry.
Paul de Kock.
Pelletier Volmerange.
Picard.
Pigault-Lebrun.
Pixérécourt.
Planard.
Poujol.
Prosper.
Radet.
René Périn.
Rochefort.
Roger.
Romieu.
Rougemont.
Rousseau (James).
Saint-Hilaire.
Saint-Just.
Saintine (Xavier).
Samson.
Sauvage.
Scribe.
Sewrin.
Simon Candeille (Mme).
Simonin.
Soulié (Frédéric).
Soumet.
Théaulon.
Vander-Burch.
Varez.
Varin.
Vial.
Villeneuve.
Villiers.
Wafflard.
Wailly (Gustave de).
Warner.

CONDITIONS DE LA SOUSCRIPTION.

Il paraît tous les samedis une livraison de LA FRANCE DRAMATIQUE; chaque livraison contient une nouvelle pièce et se vend séparément au prix de 30 centimes.*

En payant vingt livraisons à l'avance, on reçoit l'ouvrage *franc de port à domicile* à Paris; et dans les départements, moyennant deux francs.

* Les pièces en trois ou cinq actes formeront deux livraisons qui seront toujours publiées le même jour.

ON SOUSCRIT A PARIS

CHEZ

J. N. BARBA, LIBRAIRE, AU PALAIS-ROYAL,

DERRIÈRE LE THÉATRE FRANÇAIS;

POLLET, LIBRAIRE, RUE DU TEMPLE,

VIS-A-VIS LA RUE CHAPON;

BEZOU, LIBRAIRE, BOULEVART SAINT-MARTIN,

ET RUE MESLAY, N° 34;

DANS LES BUREAUX DE LA FRANCE PITTORESQUE, PLACE DE LA BOURSE,

RUE DES FILLES-SAINT-THOMAS, N° 13.

EN VENTE. — L'École des Vieillards. — La Seconde Année. — L'Ours et le Pacha. — Le Mari et l'Amant. — Les Malheurs d'un Amant heureux. — Le Camarade de lit. — Henri III. — Un Duel sous le cardinal de Richelieu. — Calas.

PARIS. — IMPRIMERIE ET FONDERIE NORMALES DE JULES DIDOT L'AINÉ,
N° 4 BOULEVART D'ENFER.

CALAS,

DRAME EN TROIS ACTES ET EN PROSE,

PAR

M. VICTOR DUCANGE;

Représenté, pour la première fois, sur le théâtre de l'Ambigu-Comique, le 20 novembre 1819;

et repris sur le théâtre de la Gaîté le 24 novembre 1833.

DISTRIBUTION DE LA PIÈCE:

JEAN CALAS............................... M. VILLENEUVE.
Mme CALAS.................................. Mlle LESVESQUE.
MARC-ANTOINE CALAS....................... M. GOBERT.
PAULINE CALAS, dix-sept à dix-huit ans......... Mlle ÉMILIE.
ÉDOUARD, amant de Pauline, ami de Calas, vingt-quatre à vingt-six ans.......................... M. CHRISTMAN.
AMBROISE, ennemi de Calas, homme faux, méchant et vindicatif.............................. M. STOCKLEIT fils.
LE CAPITOUL, premier magistrat, environ cinquante ans.............................. M. GABRIEL.
JACOB, vieux serviteur........................ M. RAFFILE.
JEANNETTE, fille de Jacob, servante............ Mlle FANNY.
LAURENT, jardinier d'Édouard, fiancé à Jeannette.. M. KLEIN.
UN COMMISSIONNAIRE........................... M. GILBERT.
UN ASSESSEUR................................. M. BARTHÉLEMY.
JUGES; AMIS DE CALAS, HUISSIERS, GARDES, PEUPLE.

L'action se passe à Toulouse en 1761.
Les deux premiers actes dans la maison de M. Calas; le troisième dans une salle de la maison de ville.

ACTE PREMIER.

Le théâtre représente un jardin; c'est celui de la maison de Calas. Le fond est fermé par un parapet de la hauteur de deux pieds au plus; le milieu est occupé par une belle grille; au-delà de la grille, on aperçoit le rempart, auquel on parvient par plusieurs chemins qui montent en tournant. Pour horizon la campagne. Dans l'intérieur du jardin on voit, à droite de l'acteur, l'entrée d'un vestibule conduisant dans la maison; à gauche, en face ce vestibule, un joli pavillon de jardin, ombragé par plusieurs arbres: des bancs sont placés en divers endroits.

SCÈNE I.

JACOB, LAURENT *.

(Au lever du rideau, Laurent portant un petit paquet au bout d'un bâton, arrive par le rempart et s'arrête devant la grille.)

LAURENT, voulant ouvrir la grille.

Tiens! l' loquet n' va pas... on dirait quasi qu' la grille est fermée... Ah! pardi! j' vois c' que c'est... c'est qu' all' n'est pas ouverte... j' vas sonner. (Il sonne et appelle en même temps.) Monsieur Jacob!... papa Jacob!

JACOB, dans la maison

Me voilà! me voilà! (il sort du vestibule en ajustant son habit.) Un moment, je suis à ma toilette. (Il se boutonne tranquillement.) Qui diable vient donc sonner chez nous? il me semble que M. Calas n'attend personne, et... (Il se retourne pour aller voir.) Ah! eh! mais, c'est Laurent, je crois?

LAURENT.

Oui, c'est moi que j' suis là.

* Les personnages sont placés en tête de chaque scène comme ils sont au théâtre; le premier à la gauche du public.

JACOB.

Comment, c'est toi, mon garçon?

LAURENT.

En personne propre, papa Jacob.

JACOB.

Ça n'est pas possible!

LAURENT.

Si fait!... ouvrez-moi donc... j'vous apporte de bonnes nouvelles!

JACOB.

De bonnes nouvelles!... attends, je vais prendre la clef de la grille.

(Il entre dans la maison et ressort de suite.)

LAURENT.

Dépêchez-vous, papa Jacob : j'brûle d'vous embrasser, et mam'zelle particulièrement.

JACOB, tenant une grosse clef.

Ce pauvre garçon!... et Jeannette qui ne se doute pas... (Il rit tout en allant ouvrir.) Ah! ah! ah! elle va être d'une joie! oh! oh! oh!

(Il ramene Laurent en riant.)

LAURENT.

Serviteur, papa Jacob; permettez que je vous accolade.

JACOB.

Volontiers, mon garçon, volontiers.

(Ils s'embrassent.)

LAURENT.

Comment que s'porte mam'zelle Jeannette, votre fille, ma future?

JACOB.

Comme toutes les jeunes filles qui n'attendent que le jour des noces.

LAURENT, consterné.

Ah! mon Dieu! est-ce qu'all' aurait attrapé la fièvre?

JACOB.

La fièvre! point du tout; elle se porte à merveille; elle rit, chante, et babille toute la journée.

LAURENT.

C'est-y possible?... Eh ben, moi, monsieur Jacob, l'amour me fait un effet tout contraire. Voyez... j'dessèche sur pied... dam! aussi, d'puis trois mois que j'n'ai vu mam'zelle Jeannette... c'est ben long, pour un jeune homme naturellement sensible!

JACOB.

Ah! que veux-tu, mon ami! avant tout, le devoir. Tu as quitté ton père pour aller soigner un vieux parent malade : c'est une action méritoire, et ton absence ne t'a rien fait perdre dans le cœur de ma fille. D'ailleurs, tu es un honnête garçon, un fort bon jardinier. M. Édouard, ton jeune maître, m'a dit encore beaucoup de bien de toi avant son départ pour Bordeaux, où tu sais qu'il est allé chercher le consentement de sa famille, pour épouser notre jeune et charmante demoiselle. Eh bien! prends patience, et compte sur ma parole. Tes noces avec Jeannette se feront le même jour que celles de M. Édouard avec mademoiselle Pauline.

LAURENT.

Eh ben, pour lors, papa Jacob, v'là que je commence à voir l'aurore d'mon bonheur!

JACOB.

Oh çà, dis-moi maintenant quelles sont les bonnes nouvelles que tu as à m'apprendre?

LAURENT, fort tristement.

D'abord, monsieur Jacob, la première, c'est que mon oncle est mort.

JACOB.

Ah!... ce pauvre homme!

LAURENT, s'essuyant les yeux.

Ah! mon Dieu oui... ce cher homme!... Grace au ciel, nous avons eu l'malheur de l'perdre il y a trois jours.

JACOB.

Ce que c'est que nous!

LAURENT.

C'est c'que j'ai dit... dam! aussi, y n'pouvait pas aller ben loin, d'puis qu'y s'était mis su'l'pied d'avoir une attaque d'apoplexie tou's les s'maines.

JACOB.

D'apoplexie?

LAURENT.

Oui, d'ap...d'apoplexie... les médecins l'ont tant saigné, pour l'empêcher d'mourir, qu'y n'a pus eu la force d'vivre. C'n'est pas l'embarras, il faut ét'juste : c'est une belle cure qui s'ont faite là! Aussi y s'ont ben dit tous : qu'si y n'en était pas mort de c'te fois-là, il aurait p't'-êt' pu vivre encore comme ça queuqu'temps!

JACOB.

Comme c'est malheureux!... à la fleur de son âge!

LAURENT.

Soixante-sept ans... moi, vous pensez ben, j'suis ben vite rev'nu à Toulouse. Dam! mon jardin, mam'zelle Jeannette, et vous, c'était ben fait pour m'donner des jambes... mais c'n'est pas tout, et v'là ben un aut' bonheur su'quoiqu' je n'comptais pas sitôt. Comme j'arrivais d'mon côté à la maison, M. Édouard arrivait du sien.

JACOB.

Comment! M. Édouard est arrivé?

LAURENT.

A deux heures du matin, en chaise d'poste d'puis Bordeaux, sans dételer qu'pour changer d'chevaux. Va-t'en tout d'suite, qu'y m'a dit, présenter mes respects à M. Calas et à toute sa chère famille; dis-leux y ben que j's'rais déja dans leux bras, et aux pieds d'la charmante mam'zelle Pauline, si y n'était pas trop matin, mais qu'tantôt j'volerai... Enfin des choses dans c'goût-là.

JACOB.

Et tu ne me disais pas tout de suite cette

bonne nouvelle?... Quelle joie pour mes bons maîtres!... Oh! c'est que nous l'aimons ce bon M. Édouard... Avertissons bien vite toute la maison. (Il appelle.) Jeannette! Jeannette!

JEANNETTE, dans la maison.

Qu'est-c' que c'est, mon père?

LAURENT, ému.

Ah! mon Dieu, c'est ben sa voix... V'là l' cœur qui m' bat... Monsieur Jacob, appelez encore, sa voix m' plait.

JACOB.

Il faut bien que je l'appelle. Jeannette! Jeannette!

JEANNETTE, de même.

Un moment donc, mon père, j'achève de m'habiller.

LAURENT.

Dites-l'y-s'y qu'all' n'achève pas.

ooooooooooooooooooooooooooooooooooooooooooooooooooo

SCÈNE II.

LES PRÉCÉDENTS, JEANNETTE.

(Jeannette sort doucement en attachant les cordons et l'épingle de son bonnet.)

JEANNETTE.

Qu'est-c' que vous avez donc pour êt' pressé comm' ça, mon père?... l' feu n'est pas à la maison.

JACOB.

Le feu! le feu!... si fait, mademoiselle, le feu y est.

JEANNETTE, regardant la maison.

Ah! où donc?

LAURENT, se cachant derrière Jacob.

Qu'all' est gentille!...

JACOB, la prenant par le bras.

Eh bien! eh bien!... qu'est-ce que tu fais? regarde donc devant toi... lève le nez... là...
(Il la place devant Laurent.)

JEANNETTE, frappant dans ses mains.

Ah! ah! ah!... qu'est-c' que j' vois là?
(Elle rit.)

LAURENT, tombant à ses genoux.

Vot' amoureux, mam'zelle Jeannette.
(Jeannette part d'un grand éclat de rire en frappant des mains, et Laurent pleure d'attendrissement.)

JEANNETTE.

Ah! ah! ah! que je suis aise!

LAURENT.

Ah! ah! ah!... que je suis heureux!

JEANNETTE, riant toujours.

Eh ben, mon père, quand j' vous disais qu' mes pressentiments m'annonçaient queuqu' chose... qu' j'avais vu deux fois en rêve ma vache toute blanche!...

JACOB.

Eh bien! ta vache?

JEANNETTE, montrant Laurent.

Pardi!... la v'là toute réalisée.

LAURENT, se relevant.

Qu'all' est aimable!... Oui, monsieur Jacob. j' suis la vache toute blanche.

JACOB.

A la bonne heure, riez, pleurez; c'est la même chose, quand c'est de plaisir. Moi, je vais éveiller toute la maison, et annoncer le retour de M. Édouard.

JEANNETTE.

M. Édouard est arrivé... Mon père, allez ben vite; pendant qu'on s' lèvera j' vais jaser avec Laurent.

JACOB.

Je ne me sens pas de joie!... Certainement c'est la Providence qui nous renvoie notre cher M. Édouard, dans un moment où toute la famille a tant besoin de consolation... Cause, cause, mon enfant.
(Il va prendre la clef restée à la grille, et rentre dans la maison.)

ooooooooooooooooooooooooooooooooooooooooooooooooooooooooooooooooooo

SCÈNE III.

LAURENT, JEANNETTE.

LAURENT, à part, tandis que Jeannette reconduit son père.

Tant besoin d' consolation... (Courant prendre Jeannette par la main.) Mam'zelle Jeannette.

JEANNETTE.

Heim?

LAURENT.

Qu'est-c' que monsieur vot' papa veut donc dire, avec ces consolations... est-c' qu'il serait arrivé queuqu' malheur à c' bon M. Calas, ou ben à queuqu'un d' chez lui?

JEANNETTE.

Ah! mon Dieu, mon pauvre Laurent, nous n'avons eu que du chagrin d' puis qu't' es parti. J' n'ai quasi pus ri, et j' crois en vérité qu'on a jeté queuqu' sort su' not' maison. C'est pour t' conter tout ça, que j'ai laissé aller mon père.

LAURENT.

Vous avez ben fait, mam'zelle Jeannette. Quoiqu'y a donc d'arrivé?

JEANNETTE.

Dam! y a... y a ben des choses, vois-tu; d'abord, M. Calas a d' s' ennemis dans Toulouse.

LAURENT.

Ah! j' sais ben ça, comme mon mait'. Dam! y s'ont leux croyance, leux manière d' penser... et j'ai entendu dire que ça n' plaisait pas au Capitoul.

JEANNETTE.

L'Capitoul!... Sais-tu c' que M. Calas dit d' tout ça?... y dit que l' Capitoul, au lieu de s' mêler d' choses qui ne r'gardent qu' la conscience d' chacun, f'rait ben mieux d'rendre la justice comme l' roi veut qu'on la rende; égale pour tout l' monde, sans distinguer ni qui, ni qu'est-c', ni c' que pense celui-ci, ni c' que pense celui-là; que Dieu seul a c' droit-là, et que c' n'est pas à un magistrat d' persécuter ceux qu'i n'aime pas, pour favoriser les uns au détriment des autres.

LAURENT.

Y dit ça?... il a p't-ét' ben raison.

JEANNETTE.

Tiens, Laurent, j'nons pas, ni toi ni moi, la même croyance qu' nos mait's, et j'prie tous les jours l' bon Dieu d'les ramener dans la vraie foi... Mais si tous ceux qui les calomnient voyaient comme moi leux bonté, leux douceur, leux tendresse pour leux enfants, et puis c'te probité dans leux négoce, c'te charité pour tous les pauvres, et la piété qui s'ont dans leux r'ligion... Va, c'te famille-là f'rait ben putôt un exemple de vertu, qu'un objet de scandale, comme ils crient tous.

LAURENT.

Eh ben! eh ben! faut les laisser crier; les méchants y s'font queuqu'fois pus d' mal à eux qu'aux aut's.

JEANNETTE.

Queuqu'fois, mais pas toujours. Et puis, mes pauv's mait's ont un aut' chagrin pus terrible que tout ça. Tu sais ben, not' jeune homme, M. Antoine, l' frère d' mam'zelle Pauline.

LAURENT.

Pardi! l' fils d' monsieur Calas.

JEANNETTE.

L'y même... un beau garçon.

LAURENT.

Et qu'est savant comme un docteur.

JEANNETTE.

Enfin, l' pus bel espoir d' la famille.

LAURENT.

Eh ben! quoiqu'il a aussi, lui?

JEANNETTE.

On n'en sait rien.

LAURENT.

Ah!

JEANNETTE.

Tu t' rappelles qu'il était déja un brin sauvage... comme qui dirait mélancolique?...mais c'n'était rien, et ça n' l'empéchait pas d'ét' aimable comme toute sa famille... Eh ben, mon pauv' Laurent, M. Antoine n'est pus r'connaissable...

LAURENT.

Bah!...

JEANNETTE.

D'puis qu'il a fait la connaissance d'un certain M. Ambroise, un grand ami du Capitoul, un méchant homme, j'en suis sûre, car il le porte sur sa mine... il est changé du tout au tout; et j'croirais presque, Dieu m' pardonne! qu'il a été ensorcelé.

LAURENT.

Ensorcelé!...

JEANNETTE.

Dam!...

LAURENT.

Ça s' pourrait ben; ça c'est déja vu.

JEANNETTE.

Figure-toi qui n' mange, ni n' boit pus.

LAURENT.

Ah! mon Dieu, qui doit être maigre!

JEANNETTE.

Dès l'jour y sort, et quand y rentre, c'est pour s'enfermer tout seul. Il est triste, sombre... ça fait trembler. Tu penses ben qu' la famille est dans la désolation... On donnerait tout au monde pour savoir ce qu'il a.

LAURENT.

Pardi!... s'il est ensorcelé...

JEANNETTE.

Pour moi, j'suis sûre qu' c'est queuq' malin tour, queuqu' machination d'la part de c'méchant Ambroise; et la preuve d'ça, c'est qu'il a l'air de s'cacher pour v'nir voir not' jeune homme; qu'il a toujours peur d'rencontrer queuqu' aut' personne d'la famille; et qu'à son air en d'ssous, on voit qu'y a là-d'dans du mystère, du micmac!

(Ambroise descend la montagne, et voyant la grille ouverte, il entre et s'avance lentement en regardant d'un air d'inquiétude.)

SCÈNE IV.

JEANNETTE, LAURENT, AMBROISE.

JEANNETTE, continuant de parler, sans voir Ambroise.

Tiens, j' voudrais pour queuqu' chose qu' tu visses c' vilain cafard, avec son regard faux, sa bouche qui fait semblant d' rire, ses révérences jusqu'à terre, et sa figure d' réprouvé, malgré son air patelin...

AMBROISE, s'arrêtant à quelques pas de Jeannette, et saluant bien bas avec un air doucereux.

Bonjour, ma chère enfant.

JEANNETTE, se retournant.

Ah!

AMBROISE.

Comment, Jeannette, est-ce que je vous fais peur? je n'ai jamais que des desseins honnêtes, des intentions pures.

JEANNETTE.

Ça s'peut ben, monsieur.

LAURENT, qui l'examine.

Mam'zelle Jeannette, c'est-y pas là vot' M. Ambroise?

JEANNETTE.

Oui : r'garde-le ben.

LAURENT.

J'l'ai r'connu, rien qu'à sa façon.

AMBROISE.

Votre jeune maître est-il visible?

JEANNETTE.

Ma fin! monsieur, je n' sais pas. Si vous voulez entrer dans la maison...

AMBROISE.

Moi, moi... je préfère l'attendre ici. Veuil-

lez seulement lui dire qu'Ambroise, son ami,
s'est rendu à son desir.

JEANNETTE.

Ah! c'est not' jeune mait' qui vous d'mande! j'vons tout d'suite ly dire qu'vous êtes
là.

LAURENT, à part.

A-t-y ben la mine fausse!

JEANNETTE, à Laurent.

Viens, viens, Laurent; je n'veux pas qu'tu
restes avec c't homme-là.

LAURENT.

Pardi! j'n'ai garde!

(Il reprend son paquet, son bâton et entre avec Jeannette
dans la maison.)

SCÈNE V.

AMBROISE, seul.

Le jeune Calas m'a fait demander, j'en au-
gure assez bien... aurait-il enfin le courage, ou
plutôt la faiblesse de céder aux larmes d'Hortense, aux sollicitations de sa famille, que je
fais agir plus qu'elle ne pense, et sur-tout à
mon ascendant?... Oui, les combats qu'il se
livre à lui-même durent depuis trop long-
temps, pour ne pas toucher à leur terme :
puisqu'ils n'ont pas étouffé l'amour, l'amour
saura triompher; et pour obtenir Hortense,
Calas abjurera; j'y suis moi-même trop forte-
ment intéressé, pour abandonner la victoire.
Je l'ai promis au Capitoul, et j'ai vu la joie
qu'il en éprouvait. Quel triomphe pour lui, si,
par mes efforts secrets, il paraissait aux yeux
du peuple avoir séparé l'un des Calas des pro-
sélytes de Genève! Cette conquête, flatteuse
pour l'orgueil du Capitoul, serait pour eux un
coup mortel; et pour moi, la vengeance la
plus sûre et la plus cruelle que je puisse exer-
cer sur les Calas. Inflexible vieillard! tu es loin
de soupçonner qu'en dénonçant ce marchand
étranger aux syndics, et en le faisant indi-
gnement chasser de Toulouse, à cause de ses
intelligences avec les pirates d'Alger, c'est sur
moi que retomba l'effet de cet arrêt; que cet
homme n'était que mon agent secret, et que tu
m'as fermé le chemin de la fortune la plus ra-
pide. Ton zèle te coûtera cher. Il n'est point
d'ennemi qui ne soit redoutable. Je t'enlèverai
ton fils, je ferai ton désespoir, et malheur à
toi si je puis jamais t'accuser... Quelqu'un
vient : c'est le jeune Calas.

SCÈNE VI.

AMBROISE, ANTOINE.

(Antoine s'avance d'un air sombre, rêveur, et marchant
lentement.)

AMBROISE, l'observant.

Que m'annonce cet air morne, abattu? au-
rais-je trop espéré? (Haut, et prenant Antoine par
la main.) Eh bien! mon jeune ami, vous m'avez
fait appeler. Votre cœur se rendrait-il? Vais-je
enfin vous ramener dans les bras d'une famille,
qui vous offre la plus aimable, la plus charmante épouse?

ANTOINE.

Ambroise, je vous remercie de l'intérêt que
vous prenez à mon sort ; mais, vous le savez, le
bonheur n'est pas fait pour moi, et si le hasard le
montre un moment à mes yeux, ce n'est qu'entouré d'écueils, de précipices, d'obstacles in-
surmontables. O mon ami, depuis les premières
années de ma jeunesse, que d'efforts n'ai-je pas
faits pour l'atteindre, ce bonheur, qui ne s'offre jamais à moi qu'au prix de l'honneur! Ému
d'abord au récit des exploits de nos guerriers,
la gloire est venue la première éblouir mon
jeune cœur, et je me suis senti l'ardeur et le
courage des héros! Un préjugé funeste a fermé
devant moi la carrière des armes. Outré de cette
injustice, je tournai mes regards vers cet art
sublime, plus puissant peut-être que les armes,
vers cette noble et courageuse éloquence qui,
du barreau, va retentir à tous les points de l'u-
nivers, tonne contre l'erreur, poursuit le vice,
et combat le mensonge par des torrents de vé-
rités. Le même préjugé m'a, d'une main de fer,
chassé du temple de la loi. Toujours , toujours le préjugé seul m'a fermé tous les chemins. Mon cœur s'est aigri, j'ai pris en dégoût
une existence dont je ne puis user selon ma volonté. Les hommes me sont devenus odieux,
et je ne sais où le découragement aurait enfin
porté mes sombres et sinistres pensées, lorsque
l'amour vint tout-à-coup remplir mon ame
d'un feu nouveau pour moi : je me crus transporté dans un autre univers ; Hortense devint
l'objet de mon adoration, le principe de ma
vie , et je sentis, non sans frémir, que cette
passion terrible allait enfin décider de mon sort.

AMBROISE.

Du moins, cette fois, vous ne fûtes point
abusé : Hortense vous adore !

ANTOINE.

Oui ; mais la barrière fatale s'élève encore
entre nous! Sois parjure, me dit-on, et tu se-
ras heureux! comme si l'on pouvait aspirer au
bonheur, quand on n'a plus son estime, ni celle
de ses frères !

AMBROISE.

Mon ami, qu'osez-vous appeler un parjure?... quoi ! reconnaître la vérité, ouvrir les
yeux à la lumière...

ANTOINE.

Arrêtez, monsieur! respectons l'un et l'autre
ce que nos pères ont respecté. Si l'un de nous
est dans l'erreur, son ame est du moins sincère,
et Dieu seul a le droit de juger notre cause.

AMBROISE, un peu embarrassé.

Dans quel dessein avez-vous donc voulu
m'entretenir?

ANTOINE.

Vous savez que la famille d'Hortense m'a défendu de m'offrir à ses yeux.

AMBROISE.

Elle vous tend les bras : c'est vous qui la
fuyez.

ANTOINE.

Ah! j'ose encore espérer!... Non, le père
d'Hortense ne peut vouloir son malheur et ma
mort!... Mon ami, vous qui, par pitié pour
moi, daignez me servir d'interprète, au nom de
l'amitié, veuillez remettre sans tarder cette lettre au père de mon amante. (Il la lui donne.) Hélas! elle renferme ma dernière espérance! si le
cruel me refuse, c'en est fait de votre ami!

AMBROISE.

Que lui promettez-vous pour obtenir sa fille?

ANTOINE.

Je promets, je jure de respecter la foi de
mon épouse; et j'atteste que mes parents par-
tageront mes sentiments pour elle.

AMBROISE.

Vous l'exigez, mon ami?... Ah! qu'il serait
bien plus facile et plus doux...

ANTOINE.

Au nom du ciel, épargnez ma faiblesse!

AMBROISE, à part.

Il cédera; laissons agir l'amour. (Haut.) Je
vais trouver Hortense et son père : où nous
retrouverons-nous?

ANTOINE.

Dans ce jardin.

AMBROISE, surpris.

Ici!

ANTOINE.

Mon père attend un ami qui nous est bien
cher! Édouard vient d'arriver, je ne puis m'é-
loigner.

AMBROISE.

Il suffit : dans une heure je serai de retour.
(Du bruit.) Qu'entends-je?

ANTOINE.

C'est ma famille... retirez-vous. Ah! si mon
père connaissait ma faiblesse!... Allez, allez,
mon ami : je remets en vos mains mon espoir
et ma vie. (Ambroise sort par la grille et monte le rempart.) Évitons les regards de mon père, les larmes de ma mère sur-tout! cachons-leur mes
tourments!... les voici!... comment les éviter?... Ah! ce pavillon... (Il montre celui du jardin.)
Je ne puis plus supporter ni leur tendresse, ni
leur courroux.

(Il entre dans le pavillon, et Ambroise disparaît au
moment où la famille Calas sort de la maison.)

SCÈNE VII.

CALAS, Mme CALAS, PAULINE, JACOB,
LAURENT, JEANNETTE.

MADAME CALAS, à son mari.

Tu le vois, mon ami, notre fils nous fuit.

PAULINE.

Mais qu'a-t-il donc, maman?

MADAME CALAS.

Hélas! ton père et moi nous l'ignorons.

JEANNETTE.

Monsieur Calas! monsieur Calas! voyez donc
là bas... c'est M. Ambroise! c' méchant homme
qui tourne la tête à not' jeune maît'.

CALAS.

Jeannette, je vous défends de parler ainsi
d'un homme que nous connaissons à peine, et
que mon fils traite avec amitié. Pourquoi lui
supposer le dessein de troubler une famille
dont il ne peut avoir à se plaindre?

MADAME CALAS.

Mais, mon ami, cette étrange liaison...

CALAS.

Elle m'inquiète, je l'avoue; mais cependant
elle peut être innocente, et c'est un grand tort
que d'accuser injustement... Chère amie, cher-
chons à ramener un fils vers des parents qui le
chérissent, par l'indulgence et par notre tendresse. Point de reproches sur-tout; il ne faut
pas aigrir un cœur qui semble prêt à se fermer
aux doux sentiments de la nature.

PAULINE.

Oh! ne le croyez pas, mon père; jamais
mon frère n'a cessé de vous chérir.

JACOB.

Si monsieur voulait interroger son fils, j'irais
lui ordonner...

CALAS.

Non, non, point d'ordre! il croirait paraître devant un juge. Attendons qu'il vienne
trouver son père... L'arrivée d'Édouard rend
quelque espérance à mon cœur affligé! la tendre amitié qui l'unit à mon fils aura peut-être
plus d'empire.

PAULINE.

Oui, maman : oh! j'en suis sûre. Tu sais
qu'Édouard fait tout ce que je veux. Eh bien!
je lui dirai qu'il faut absolument qu'il pénètre
la cause du chagrin de mon frère, et qu'il nous
rende son cœur, s'il veut que je sois heureuse.

MADAME CALAS.

Chère Pauline! (A son époux.) Espérons, mon
ami.

PAULINE.

Oui, maman : allons, reprends la gaîté pour
l'arrivée d'Édouard.

JEANNETTE.

Oui, madame Calas : tout ira ben, allez!

JACOB.

Ah çà, pour recevoir le prétendu de notre
jeune demoiselle, j'espère que nous aurons une
fête!

PAULINE.

Oui, maman : ce serait charmant de le sur-
prendre!

JACOB.

Qu'on invite tous les amis de la maison.

PAULINE, étourdiment.

Oui, pour un bal. (Un peu honteuse.) Si tu veux bien le permettre, maman?

MADAME CALAS.

Ordonne, ma chère Pauline; je te cède, pour aujourd'hui, toute mon autorité.

PAULINE.

Vraiment? eh bien! maman, tu verras comme j'en userai... Jeannette, Jacob, Laurent, vite, écoutez tous, que je vous donne mes ordres.

JACOB, JEANNETTE, LAURENT, ensemble.

Nous voici, mademoiselle, nous voici.

(Ils se réunissent autour de Pauline, qui leur prescrit à
chacun ce qu'ils ont à faire.)

MADAME CALAS, à son mari.

Mon ami, n'iras-tu pas au-devant d'Édouard?

CALAS.

Mes ordres sont déjà donnés dans cette intention; on met les chevaux à la voiture. Oui, mon amie, Édouard n'est pas un étranger pour nous; c'est un de nos enfants, et je vais le chercher pour l'amener dans tes bras.

JACOB.

C'est entendu, mademoiselle; on n'oubliera rien. 1° Jeannette va préparer le grand appartement pour notre prétendu. Quant à Laurent, puisqu'il le préfère, on lui fera dresser, comme à l'ordinaire, un lit dans ce petit pavillon.

LAURENT.

Pardi! c'est l' logement du jardinier, et l' matin on peut chanter d' bonne heure, sans réveiller personne.

JACOB.

2° Je cours de ce pas inviter pour la fête tous nos bons amis, notamment les plus jeunes, attendu qu'il s'agit de danser. Quant aux apprêts de la fête...

PAULINE.

Mon Dieu! ne t'en occupe pas: je me charge de tout le reste avec Jeannette et Laurent.

UN VALET, annonçant.

Monsieur, la voiture est prête.

PAULINE.

La voiture! Quoi! mon père, vous allez chercher Édouard?

CALAS.

Oui, ma chère Pauline... Eh bien! te voilà troublée... Ne perds point de temps pour les apprêts de la fête... Adieu, mes chers amis.

JACOB, à qui Jeannette apporte sa canne et son chapeau,
tandis qu'un valet apporte aussi la canne et le chapeau
à M. Calas.

Allons, allons, il faut se dépêcher.

PAULINE.

Le cœur me bat.

(Calas embrasse sa fille, salue sa femme, et sort avec
Jacob et le valet. Jeannette et Laurent emmènent Pauline qui paraît émue; madame Calas les laisse sortir, et
tourne ses regards vers le pavillon.)

SCÈNE VIII.

Mᵐᵉ CALAS, et peu après ANTOINE.

MADAME CALAS.

Aimable enfant! elle est heureuse, au moins. Ah! si son frère me donnait autant de joie... Il est seul dans ce pavillon... Son père craint de l'interroger; il a raison, et j'approuve ses motifs. Mais une mère est bien sûre aussi de son cœur : elle ne peut jamais aigrir les chagrins de son fils... Si je l'appelais... pendant que tout le monde est éloigné.

(Elle regarde si personne ne vient de la maison. Pendant
ce temps Antoine sort du pavillon, et traverse, comme
pour rentrer.)

ANTOINE, apercevant sa mère, et s'arrêtant.

Dieu! ma mère...

MADAME CALAS, se retournant.

Le voici. (Antoine paraît hésiter, puis fait un mouvement pour s'éloigner.) Mon fils! (Il s'arrête, et semble vouloir mais n'ose approcher.) Mon fils ne reconnaît-il plus sa mère?

ANTOINE.

Ma mère... ah! (Il tombe à ses genoux et couvre ses mains de baisers.) Pardonnez-moi, ma tendre mère, je suis bien coupable!... ah! oui, je sais combien ma conduite vous cause de chagrin!... Je ne mérite plus votre tendresse... J'ai sans doute allumé contre moi le courroux de mon père... Ah! ne craignez point de m'accabler de reproches... Jamais ils n'égaleront ceux que m'adresse mon propre cœur.

MADAME CALAS.

Cruel jeune homme... non, votre père n'a point de courroux; je ne vous adresserai point d'autre reproche que ces larmes qui tombent de mes yeux... mais nos cœurs sont brisés... la joie de vos parents s'est changée en douleur; vous étiez notre espoir, et nous n'en avons plus.

ANTOINE.

Hélas! je n'en ai plus moi-même.

MADAME CALAS.

Mon Dieu!... est-ce donc là le prix de l'amour que nous avons pour nos enfants?

ANTOINE.

Ma mère... Pauline n'est point coupable; elle n'a point, comme moi, troublé vos jours heureux. Oh! détournez d'un malheureux vos regards affligés; et donnez à ma sœur tout l'amour que vous daignez partager entre nous.

MADAME CALAS.

Ainsi la tendresse d'une mère n'a plus de prix à vos yeux?

ANTOINE.

Plus de prix!... ô ma mère... Vous avez connu mon cœur, et vous l'accusez de ce crime... Ah! je suis un monstre, puisque je fais couler vos larmes!... mais chacune de ces larmes retombe sur mon cœur comme un feu dévorant. Je donnerais ma vie, tout mon sang, pour en épargner une seule à la plus tendre, à la plus adorée des mères.

MADAME CALAS, avec un mouvement de joie.

Est-il bien vrai, mon fils?

ANTOINE.

Ah! si mon père savait combien je le respecte; s'il savait combien sa bonté, sa vertu, l'élèvent à mes yeux au-dessus des autres hommes!... mais non, mon père me croit aussi un fils dénaturé... ce cœur rempli d'amour n'inspire que la haine.

MADAME CALAS.

Dieu! quelle idée cruelle!... nous te haïr!... Regarde donc ta mère, vois ses traits altérés par la douleur!... ces yeux, depuis trois mois, toujours remplis de larmes... Presse ton cœur sur le sein qui t'a porté, qui t'a nourri, et demande à toi-même si je peux te haïr.

ANTOINE.

Quoi!... ma coupable conduite n'a pas encore épuisé votre amour?...

MADAME CALAS.

Jamais!... jamais!... l'amour d'une mère est sans bornes, comme celui de Dieu. (Antoine se penche sur la main de sa mère qu'il baise avec transport. Madame Calas continue.) Oui, mon fils, oui, nous t'aimons toujours; nous te chérissons peut-être davantage, et nous souffrons avec toi. Mais combien tes chagrins et les nôtres deviendraient moins amers, si tu voulais nous en montrer la source! Écoute, nous sommes seuls... personne ne peut nous entendre... Je garderai ton secret, si tu veux le cacher à ton père.

ANTOINE.

Ciel! que me demandez-vous?

MADAME CALAS.

As-tu quelque sujet de te plaindre de nous?

ANTOINE.

Grand Dieu! votre bonté m'accable.

MADAME CALAS.

Désires-tu changer ton sort?

ANTOINE.

Changer mon sort!... Ah! cessez, je vous en conjure, de vouloir pénétrer dans mon ame!... bientôt, je vous le promets, le spectacle de ma douleur n'affligera plus vos regards... Oui, mon sort va changer... aujourd'hui même.

MADAME CALAS.

Eh bien?... aujourd'hui?...

ANTOINE.

Mon malheur finira. (Madame Calas le regarde avec la plus grande inquiétude. Antoine cherche à se détourner.)

MADAME CALAS.

Ton malheur finira!... mon fils!...

(Elle se jette dans ses bras et le presse sur son sein. Au même instant, Pauline sort de la maison.)

SCÈNE IX.

Mme CALAS, ANTOINE, PAULINE.

PAULINE, venant gaîment.

Maman! maman!... viens donc voir!... (Elle voit son frère et s'arrête avec émotion.) Ah! tu es avec mon frère. (Passant entre eux deux.) Comme tu parais émue!... et lui aussi!... T'aurait-il avoué la cause de son chagrin?

MADAME CALAS.

Non, ma fille; ou ton frère se croit trop coupable, ou bien il ne connaît pas le cœur de ses parents.

PAULINE.

Que fais-tu?... tes reproches vont l'affliger encore davantage. (A son frère d'un air riant.) Tu sais qu'Édouard est arrivé?

ANTOINE.

Oui, ma sœur, et je partage bien vivement la joie que tu dois en éprouver.

PAULINE.

Nous préparons une fête!... mon frère, tu ne nous quitteras pas d'aujourd'hui... Oh! je t'en prie, pour Édouard et pour moi.

ANTOINE.

Pour toi!... oui, Pauline, je resterai; je verrai ton bonheur et celui de ma tendre mère.

PAULINE, à sa mère.

Tu vois... Je n'ai dit qu'un mot?... Ah çà, viens, maman, car, quoique je sois aujourd'hui la maîtresse, on a besoin de toi pour ordonner bien des choses.

MADAME CALAS, à Antoine.

Mon ami, je n'exige rien... Mais, par pitié pour ton père, fais-lui connaître ou cache-lui ta peine.

(Elle entre avec Pauline dans sa maison. On aperçoit Ambroise se dirigeant vers le jardin.)

SCÈNE X.

ANTOINE, AMBROISE.

ANTOINE.

Oui, ma mère a raison; il est temps de mettre un terme à nos chagrins; mais, hélas! comment en avouer la cause... Oh! si le père d'Hortense consentait... Alors j'avouerais tout à mon père... Mais s'il faut abjurer!... (Ambroise entre dans le jardin.) O ciel! mon sort est décidé.

AMBROISE, s'avançant lentement.

Il est seul!... Allons, il faut triompher.

ANTOINE.

Je n'ose l'interroger!

AMBROISE.

Mon ami, je vous apporte en tremblant la réponse que j'avais prévue.

ANTOINE.

On rejette mes offres.

AMBROISE.

Aussitôt que j'ai paru, toute la famille s'est assemblée; l'impatience et la crainte se peignaient dans les regards que chacun attachait sur moi. Pour votre amante, son ame confiante et pure se lisait sur son visage; elle ne songeait à cacher, ni son trouble, ni son espoir. Je tirai de mon sein cette lettre fatale, et, sans avoir le courage de rompre le silence, je la présentai à son père... Épargnez-moi les détails d'une scène trop douloureuse... l'émotion que j'en éprouve encore vous en apprend assez.

ANTOINE.

Il n'est donc plus d'espoir.

AMBROISE.

Il n'en est plus!... Demain Hortense abandonne le monde, un cloître se ferme sur cette infortunée; sa jeunesse, sa beauté y périront dans les larmes, et s'effaceront du souvenir des hommes!

ANTOINE, avec un profond désespoir.

Hortense!... Hortense!...

AMBROISE, du ton le plus animé.

Malheureux!... faudra-t-il donc que vous soyez son bourreau... A dix-sept ans, parée de toutes les vertus, de toutes les graces, brûlant pour vous de la plus chaste flamme, vous la plongeriez vivante et de vos mains, dans le tombeau!... Non, elle ne peut le croire; son amour, son cœur lui défend de vous accuser de tant de barbarie!... son regard me le disait en la quittant; et moi, j'ose aussi vous défier d'accomplir cet horrible, cet inutile sacrifice!... Laissons à des cœurs plus froids de vaines discussions; j'en appelle à votre seule conscience, au cri de la nature, à cette voix qui déja retentit dans votre ame... Dieu vous ordonne-t-il d'immoler sans pitié la plus touchante créature? veut-il que tous les deux vous descendiez dans la tombe, quand sa bonté divine vous appelle, vous unit, et s'apprête à répandre tous ses bienfaits sur vous?... Mon ami, ne voyez-vous pas que le sentiment qui remplit votre ame est l'ouvrage de la Providence? pour triompher de vos terreurs, cédez à son empire!... venez, venez, mon jeune ami, venez rendre la vie à des parents au désespoir! venez contempler de vos yeux cette douce et tendre victime, qui meurt si vous l'abandonnez, et qu'un mot de votre bouche peut arracher au trépas!.... venez!

(Il cherche à l'entraîner.)

ANTOINE.

Ah! que m'ordonnez-vous?

AMBROISE.

D'écouter votre cœur.

ANTOINE.

Mon cœur!... ah! si j'osais l'entendre, je serais aux pieds d'Hortense... mais abjurer!... grand Dieu! comment l'oser dire à mon père,

soutenir ses regards... peut-être son indignation!... O mon ami, je n'oserai jamais!

AMBROISE.

Vous n'oserez jamais!... c'en est assez, j'ai lu dans votre cœur... votre consentement vient de s'en échapper; c'est maintenant à l'amitié d'achever l'ouvrage de l'amour!

ANTOINE.

Que dites-vous, ô ciel!

AMBROISE.

Vous m'avez tout appris, vous craignez un éclat, vous tremblez d'affliger votre père, vous restez incertain entre l'amour et la nature; eh bien, le ciel m'inspire le moyen d'accorder tous vos devoirs. Cette nuit, dans le silence, dans le plus grand secret, sans témoins, sans pompe, sans aucun appareil, nous nous réunirons dans le temple voisin...

ANTOINE, effrayé.

Ah!

AMBROISE.

Personne n'en aura connaissance. Satisfaite et tranquille, votre jeune épouse elle-même favorisera ce mystère. Heureux, vous cesserez d'affliger votre famille, et tous les cœurs renaîtront au bonheur!... Eh quoi! vous hésitez encore?... vous tremblez!

ANTOINE.

Cruel!

AMBROISE.

Songez à la douleur d'Hortense, à son amour... Songez qu'elle expire peut-être!

ANTOINE.

Ah! c'en est fait; oui, Hortense doit l'emporter!... allez... ne me donnez pas le temps de me reconnaître moi-même.

(Il tombe accablé sur une chaise de jardin, placée à sa gauche.)

AMBROISE, à part.

Je triomphe! (Haut.) Je cours porter à votre amante le gage de son bonheur! (A part.) Allons tout ordonner pour la cérémonie! demain Toulouse connaîtra ma victoire!

(Il sort rapidement par la grille, et ne monte point le rempart.)

SCÈNE XI.

ANTOINE, seul.

Dieu! qu'ai-je dit?... est-il vrai que j'ai consenti?... non, non, n'abusez pas de mon égarement!... Ambroise... (Il se lève et cherche partout.) Ambroise!... ô ciel, il est parti!... courons... que lui dirai-je? Quoi! j'ai promis d'abjurer?... jamais! O mon père, vous me pardonneriez, je le sais, mais votre cœur en serait déchiré!... et Hortense m'est-elle donc moins chère?... faut-il la sacrifier?... oh! mon malheur est au comble!... des deux côtés je suis barbare!... je suis parjure... déja, peut-être, Ambroise est au temple... demain... quel éclat... où fuir?... où me cacher?... la mort seule... (*Réfléchissant.*) Oui, la mort!... depuis long-temps je sens qu'elle me réclame .. je dois mourir! (*Du bruit en dehors et dans la maison.*) Où suis-je?... d'où vient ce bruit?... c'est moi, sans doute, que l'on cherche pour m'accabler de reproches, pour m'appeler parjure! (*Il s'avance vers la grille pour sortir.*) Fuyons!... Dieu, mon père!... (*Il revient jusqu'à l'avant-scène, et s'arrête avec effroi; Calas, Édouard et quelques domestiques entrent par la grille; madame Calas, Pauline, Jeannette et Laurent viennent de la maison.*)

SCÈNE XII.

CALAS, Mme CALAS, ÉDOUARD, AN-TOINE, PAULINE, JEANNETTE, LAU-RENT, QUELQUES VALETS, et ensuite JACOB.

JEANNETTE et LAURENT, *accourant les premiers, et regardant vers la grille.*

Le v'là, le v'là, madame, c'est l'y.

ÉDOUARD, *courant à madame Calas, et lui baisant la main.*

Ah! madame!... permettez-moi de vous nommer ma mère.

MADAME CALAS, *prenant la main de Pauline et la présentant à Édouard.*

Oui, mon cher Édouard, Pauline et le cœur de ses parents vous en donnent le droit.

ÉDOUARD, *allant à Pauline et lui baisant la main.*

Chère Pauline! est-il vrai?

PAULINE.

Monsieur Édouard, je crois toujours ce que dit ma mère.

(*Antoine est absorbé dans la douleur, madame Calas le remarque.*)

LAURENT, *à Jeannette.*

Comme all' est obéissante!

JEANNETTE.

Pardi, toutes les demoiselles le sont, va, quand y n' s'agit que d' ça.

CALAS, *prenant la main de son fils.*

Mon fils... (*Antoine tressaille, et cherche à se remettre.*) ne viens-tu pas embrasser Édouard... ton ami, bientôt ton frère?

ANTOINE.

Oui, mon père. (*Élevant la voix.*) Cher Édouard.

ÉDOUARD, *s'empressant d'aller à lui.*

Mon ami! (*Ils se serrent dans les bras l'un de l'autre.*)

MADAME CALAS, *regardant son mari.*

Son cœur n'est pas changé.

ANTOINE, *avec sentiment.*

Vous allez vous unir à ma sœur; mes parents vous chérissent... Édouard, soyez pour eux un véritable fils! le bonheur de Pauline, de toute ma famille, est mon plus cher désir.

(*Jacob entre tout essoufflé, s'essuyant le front.*)

JEANNETTE, *l'apercevant.*

Ah! v'là mon père. (*Elle reçoit sa canne et son chapeau.*)

JACOB.

Toute la société que mademoiselle m'a fait inviter, arrive sur mes pas, et vient féliciter notre jeune fiancée... où la recevra-t-on?

PAULINE.

Ici... Maman, j'ai tout disposé pour la fête. (*Antoine s'est éloigné pendant l'arrivée de Jacob; l'excès de son agitation le fait chanceler, il s'appuie contre un arbre.*)

MADAME CALAS, *qui le suivait des yeux.*

Grand Dieu! (*Elle court à lui.*) Mon fils, qu'as-tu donc?

(*Tout le monde se rapproche et le regarde avec inquiétude.*)

ANTOINE.

Ma mère, ne vous alarmez pas... je ne puis vous le cacher, je souffre... un feu dévorant me brûle... permettez-moi de m'éloigner... je troublerais la fête de ma sœur.

MADAME CALAS.

Une fête... peut-il y en avoir pour ta mère?

ANTOINE.

Adieu, mon père!... ah! souffrez qu'avant de vous quitter, j'embrasse vos genoux! (*Il se jette à ses pieds.*)

CALAS, *le relevant.*

Que fais-tu?... jamais tes parents ne t'ont fermé leurs bras.

ANTOINE.

Vous me pardonnez?

CALAS.

Nous te chérissons tous!... mais toi... (*Madame Calas lui fait signe de le ménager.*)

PAULINE, *à Jacob.*

Ah! que j'ai de regret d'avoir pensé à cette fête!

JACOB.

Mon Dieu, voilà la société.

ANTOINE.

Adieu, Pauline... Édouard, consolez mes parents!...

(*Il s'éloigne rapidement.*)

MADAME CALAS.

Jacob, suivez mon fils, veillez sur lui, et ne le quittez pas.

JACOB.

Soyez tranquille, madame; je vous avertirai s'il arrive quelque chose.

(*L'on voit arriver des deux côtés du rempart, ainsi que par le bas, toute la société.*)

SCÈNE XIII.

Mme CALAS, PAULINE, CALAS, ÉDOUARD,
JEANNETTE, LAURENT, VALETS, TOUTE
LA SOCIÉTÉ, et ensuite JACOB.

(L'on apporte des sièges que l'on range des deux côtés,
pendant que la société entre et vient saluer Édouard et
la famille Calas. Tout le monde se place. FÊTE. Au dernier groupe, au moment où elle finit, Jacob revient,
madame Calas va au-devant de lui.)

MADAME CALAS.

Eh bien! Jacob, comment se trouve mon
fils?

JACOB.

Rassurez-vous, madame, il est beaucoup
mieux, sur-tout beaucoup plus calme; il a
écrit d'abord avec assez d'agitation, une lettre qui m'a semblé fort courte.

MADAME CALAS.

Une lettre!... à qui?

JACOB.

Je l'ignore, car il a voulu sortir pour la remettre lui-même à un commissionnaire. Ensuite il est rentré dans sa chambre, comme il
fait ordinairement, et m'a congédié en m'as-
surant qu'il allait prendre du repos.

CALAS.

Sa conduite est bien étrange!

ÉDOUARD.

Nous parviendrons à l'éclaircir.

(Pendant cette scène la société fait ses dispositions pour
se retirer. Nuit.)

MADAME CALAS, à son mari.

Mon ami, il se fait tard: ces dames paraissent vouloir se retirer.

CALAS.

Jacob, faites distribuer des falots.

(On enlève les sièges, les valets apportent des falots; la
société se retire avec la forme d'usage, et chaque groupe
est éclairé par un porteur de falot. Toute la famille de
Calas reconduit jusqu'au-dehors de la grille, en dispa-
raissant sous les avenues, quelques uns des plus intimes
amis, qui sortent les derniers. Jacob, Laurent et Jeannette vont aussi jusqu'au pied du rempart, mais restent
devant la grille, et de là regardent les groupes passer.
Comme tout le monde est éloigné, Antoine, dans un
grand désordre moral, sort furtivement de la maison.)

SCÈNE XIV.

ANTOINE, seul dans le jardin, tous les autres personnages à l'extérieur.

Le bruit de la fête a cessé... l'obscurité est
profonde... allons, n'attendons pas le déshon-
neur...j'ai tout prévu... là... (il montre le pavillon.)
Oui, ce sera là... je serai sans témoins... le repos de ma mère ne sera point troublé... demain... Il le faut... le sort m'a condamné... allons, qu'Ambroise ne me retrouve plus... On
vient!... c'est ma famille!... (Montant au pavillon.)
O mon père!... ma tendre mère!... adieu...
adieu pour toujours! (Il entre dans le pavillon.)

SCÈNE XV.

CALAS, Mme CALAS, PAULINE, ÉDOUARD,
JACOB, JEANNETTE, LAURENT.

JACOB.

Ah! voilà le monde parti!... ma foi il se fait
tard!

JEANNETTE, sortant du vestibule.

Tout est prêt dans l'appartement de
M. Édouard.

CALAS.

Allons, mes enfants, rentrons aussi; la journée de demain éclairera votre mariage; le
vôtre aussi, mes amis; et pour vos parents
comme pour vous, cette journée sera bien
heureuse. (Se retournant.) Jacob, fermez toutes
les portes.

JACOB, formalisé de cet avis.

C'est mon usage, monsieur Calas; je ne me
couche jamais sans avoir fait ma ronde.

(Calas serre affectueusement la main d'Édouard, pendant
que madame Calas embrasse Pauline; Édouard offre la
main à madame Calas; Pauline est reconduite par son
père, et la famille rentre dans la maison.)

SCÈNE XVI.

JACOB, JEANNETTE, LAURENT.

JACOB.

Ah çà, maintenant il faut songer à cou-
cher ce garçon.

LAURENT.

Oh! ben, si vous voulez, moi, je ne me cou-
cherai pas.

JEANNETTE.

Bah!

LAURENT.

Vrai, mam'zelle Jeannette; j'ai l' cœur si
aise... si aise d' contentement, que j' suis sûr
de n' pas dormir; ainsi...

JEANNETTE.

C'est ça, pour avoir la mine longue et les
yeux rouges; j' veux qu' vous dormiez, monsieur, en attendant que vous soyez mon mari.

JACOB.

Parbleu, ça sera bientôt fait, il ne faut que
dresser un lit.

JEANNETTE.

Vous, mon père, allez fermer vos portes;
moi, pendant c' temps-là, j' vas ranger dans
c' pavillon, et faire d' la place.

LAURENT.

J' vas avec vous.

JEANNETTE.

C'est inutile.

JACOB.

Allons, dépêche-toi... (Laurent veut la suivre,
il s'établit une petite lutte pour l'en empêcher.) Et moi,

je vais chercher la grosse clef pour fermer la grille.

(Il entre sous le vestibule de la maison , et Jeannette dans le pavillon ; on voit Ambroise descendre le rempart et se diriger vers la grille.)

LAURENT, *seul.*

Tiens, qu'est-c' qui passe donc là ?... c'est-y pas une figure d'homme que j' vois ?... (Du bruit et des cris dans le pavillon.) Eh ben !... eh ben ! mon Dieu.

JEANNETTE, *sortant du pavillon.*

Ah !... mon père !... mon père !...

JACOB et LAURENT.

Qu'est-ce que c'est ?... qu'est-ce que c'est ?

JEANNETTE.

Un homme ! un homme assassiné.

JACOB.

Un homme assassiné !

LAURENT.

Ah ! mon Dieu.

JEANNETTE, *montrant avec effroi.*

Là... là... (Elle court dans la maison.) Monsieur Calas, au secours, au secours !...

(Ambroise se hâte de descendre le rempart et vient vers la grille. Jacob et Laurent entrent dans le pavillon.)

SCÈNE XVII.

AMBROISE, *seul ; il ouvre brusquement la grille et n'avance point.*

Un homme assassiné dans la maison de mon ennemi ! observons.

(Il se tient près de la grille. Jacob et Laurent sortent du pavillon. Presque en même temps la famille Calas accourt avec Jeannette.)

SCÈNE XVIII.

CALAS, Mme CALAS, ÉDOUARD, PAULINE, JACOB, LAURENT, JEANNETTE, AMBROISE.

JACOB et LAURENT, *sortent en jetant un cri d'effroi.*

Ah !...

JACOB.

C'est mon jeune maître !

CALAS, *se précipitant dans le pavillon.*

Un meurtre !... chez moi !

JACOB, *se jetant au-devant de madame Calas qui accourt avec Édouard.*

Ah ! madame !... n'approchez pas !... au nom du ciel, retirez-vous !

MADAME CALAS.

Moi, pourquoi ?

PAULINE, *accourant la dernière.*

Maman, maman, mon frère n'est plus chez lui !

MADAME CALAS, *que tout le monde veut retenir.*

Mon fils ! ah ! laissez-moi ! laissez-moi !

(Elle court vers le pavillon ; comme elle arrive, Calas en sort dans un état effrayant. A sa vue , elle s'arrête en jetant un cri d'horreur, devinant son malheur dans les yeux de son époux.) Ah ! mon fils n'est plus ! (Elle tombe évanouie dans les bras de Jacob , Édouard la soutient.)

PAULINE, *voulant entrer.*

Mon frère !

(Elle court vers le pavillon ; Calas la retient par le bras. La consternation est générale. Ambroise fait quelques pas, observe tout, et la toile tombe sur ce tableau final.)

ACTE SECOND.

Le théâtre représente un grand vestibule ouvert au fond sur le jardin et laissant apercevoir le pavillon où le jeune Calas a péri. On voit que ce décor est exactement la suite du premier, et que la porte au fond du vestibule est la même que celle dont on a vu l'extérieur au premier acte. A droite et à gauche, aux deuxième et troisième plans, sont des portes d'appartements. Une lampe à plusieurs becs, suspendue à la voûte, éclaire l'intérieur du vestibule ; l'extérieur est plongé dans l'obscurité, ou seulement éclairé par la lune, qui jette une teinte bleuâtre. Pour meubles, un fauteuil, guéridon, et une table. Pendant l'acte, des verres bleus à la rampe.

SCÈNE I.

CALAS, Mme CALAS, PAULINE, JEAN-NETTE.

(Au lever du rideau, tous les personnages sont en scène. Calas debout devant une des portes latérales, et regardant avec inquiétude dans le fond, semble prêt à s'opposer à ce qu'on entre dans le cabinet. De l'autre côté, madame Calas est renversée dans un fauteuil, Pauline est à ses pieds, et Jeannette lui présente des eaux spiritueuses qui sont sur le guéridon.)

CALAS.

Je frémis au moindre bruit qui vient troubler le silence et augmenter l'horreur de cette nuit funeste. Si du rempart ou des maisons voisines, quelqu'un nous avait vus transporter ici le corps de mon malheureux fils, ah ! tout serait perdu !... (madame Calas fait un mouvement d'effroi.) Silence !... (Allant à elle.) Chère épouse !... et toi, ma fille, au nom de Dieu, retenez vos sanglots, étouffez vos cris de douleur ; tremblons d'éveiller le moindre soupçon. Hélas ! vous ignorez qu'une loi sévère condamne au dernier supplice le corps du malheureux qui se donne la mort.

MADAME CALAS, *se levant.*

Se peut-il ?...

PAULINE.

O mon père!...

CALAS.

Ses restes sanglants sont livrés au bourreau, outragés par un peuple furieux, traînés avec ignominie, et jetés loin de la ville privés de sépulture.

MADAME CALAS, *se tournant vers le cabinet.*

Mon fils !

CALAS.

Sauvons, du moins, sauvons de ces horreurs les restes de notre enfant; cachons son trépas, et, par un excès d'amour, efforçons-nous de vaincre la nature.

MADAME CALAS.

Oui, oui, mon ami...Silence!... ne pleurons plus.

(*Elle cherche à arrêter ses larmes.*)

JEANNETTE.

Pauvre mère!... Ah! quel malheur, mon Dieu, quel malheur!

(*Jacob entre par le fond, tient une lanterne, s'arrête après quelques pas, écoute, et paraît craindre.*)

PAULINE.

Mon père, voilà Jacob.

SCÈNE II.

LES PRÉCÉDENTS, JACOB.

CALAS.

Eh bien, Jacob?

JACOB.

Il est déja deux heures du matin, ne faites point de bruit; dans le silence de la nuit, le moindre mouvement éveillerait les voisins.

(*Il pose sa lanterne à terre.*)

CALAS.

Édouard a-t-il pu sortir sans être aperçu?

JACOB.

Oui, mon cher maître. J'ai d'abord, et bien doucement, entr'ouvert la porte de la rue; et, cachant ma lanterne, je me suis assuré que personne ne passait en ce moment. Alors monsieur Édouard et Laurent se sont glissés hors de la maison; et on ne peut les avoir aperçus.

(*Madame Calas et Pauline se regardent avec surprise.*)

JEANNETTE, *à son père.*

Pourquoi Laurent s'est-y en allé?

JACOB, *avec humeur.*

Pourquoi?... pour accompagner son maître... la nuit!

PAULINE.

Édouard nous a quittés, mon père!

MADAME CALAS.

Dans un moment si cruel!

CALAS.

Ah! ne l'accuse pas; c'est le modèle de l'amitié; je l'ai conjuré d'aller trouver le pasteur de notre église, et de se concerter avec lui sur les moyens de rendre secrètement les derniers devoirs à notre fils.

JACOB.

Pour que monsieur Édouard et Laurent puissent rentrer sans être obligés de sonner, ce qui serait dangereux, je leur ai donné à chacun une clef de la maison : puis, en revenant, j'ai, dans toutes les chambres qui donnent sur la rue, éteint les lumières et fermé les contrevents; jusqu'à présent, tout est tranquille dans le quartier. (*Tirant Calas à part.*) Mon cher maître, je vous en supplie, en attendant le retour de monsieur Édouard, éloignez-vous de ce vestibule; la vue de ce cabinet est trop pénible pour vous, et sur-tout pour madame.

CALAS.

Pour elle, oui, Jacob; mais moi, je dois...

JACOB.

Nous resterons, mon cher maître; Jeannette et moi nous veillerons, nous remplirons ce triste devoir! obtenez que madame et mademoiselle prennent du repos!

CALAS, *à sa femme.*

Mon amie, Jacob me fait observer qu'il est plus prudent de nous retirer dans notre appartement.

MADAME CALAS.

Ah! je t'en conjure, laisse-moi près de mon fils!... bientôt... (*Elle fait un mouvement vers le cabinet.*)

CALAS, *la retenant.*

Non, non, chère épouse... cette vue est trop douloureuse! (*Calas faisant signe de le seconder.*) Pauline...

PAULINE, *prenant la main de sa mère.*

Nous t'en prions, maman; viens, viens dans ton appartement.

(*Calas et Pauline emmènent avec peine madame Calas. Jacob se joint à eux pour l'engager à s'éloigner.*)

SCÈNE III.

JACOB, JEANNETTE, *et peu après* LAURENT.

(*Après que madame Calas, son mari et sa fille sont rentrés, Jacob comme s'il avait oublié quelque chose, gagne vers le jardin.*)

JEANNETTE, *courant après lui.*

Mon père! mon père!... ah çà, n' vous en allez pas à c't' heure; n'allez pas m' laisser là toute seule.

JACOB.

Et pourquoi pas?... il faut que j'aille écouter ce qui se passe au-dehors.

JEANNETTE.

Non, non, non, mon père; vous allez rester là, ou je m'en vas avec vous : oh! j'ai ben trop peur!

JACOB.

Allons donc, mademoiselle! est-ce que... (*Haut.*) Paix! (*Laurent paraît au fond.*)

JEANNETTE.

Eh! mon Dieu, qu'est-c' que c'est qu' ça!

LAURENT, au fond.

P'chit.

JACOB.

Hem ?

JEANNETTE.

On appelle !

LAURENT, à mi-voix.

Papa Jacob, êtes-vous là ?

JEANNETTE.

Ah ! c'est Laurent !

JACOB.

Laurent !

JEANNETTE.

Viens, viens, nous sommes ici !

JACOB.

Eh bien, mon ami, que fait ton maître ?... que viens-tu nous apprendre ?

LAURENT.

Rien d'bon, monsieur Jacob. Si vous saviez !...

TOUS LES DEUX.

Quoi donc ?

LAURENT.

Pauvre monsieur Calas ! y n'y a pus qu'un coup de la Providence qui puisse l' tirer d' là !

JEANNETTE.

C'est-y possible ?

JACOB.

Est-ce qu'on saurait déja dans la ville ?...

LAURENT.

Pardi !... savoir... tout... qu'est-c' que je dis, tout ?... y s'agit ben d'aut' chose, ma foi !

TOUS LES DEUX.

De quoi donc ?

LAURENT.

Qu'y n'y a qu'un bruit dans Toulouse ! on dit que l' jeune homme a été assassiné !

TOUS LES DEUX.

Assassiné !

LAURENT.

Assassiné...

JACOB.

C'est bientôt dit cela !... mais par qui ?

JEANNETTE.

Oui, par qui ?

LAURENT.

Ah ! qui ?... en attendant vous sentez bien qu'un assassin commis dans une maison fermée, la nuit... Monsieur Jacob, nous sommes perdus !... ah ! nous sommes perdus !

(On entend un bruit confus et lointain.)

JEANNETTE.

Ah ! mon Dieu !

JACOB.

On dirait que des voix se font entendre autour de la maison ! (Jeannette court écouter au fond.)

LAURENT.

Appelons monsieur Calas !

JACOB.

Un moment !... il ne faut pas encore effrayer tout le monde.

JEANNETTE, du fond.

J'entends courir dans la rue !... Ah ! quelqu'un entre !

JACOB et LAURENT.

On entre !

JEANNETTE.

Rassurez-vous... c'est monsieur Édouard !

JACOB.

Nous allons savoir... (Édouard entre précipitamment.)

SCÈNE IV.

LES PRÉCÉDENTS, ÉDOUARD.

ÉDOUARD, dans le plus grand trouble.

Jacob ! Jeannette ! où est monsieur Calas ?

JEANNETTE.

Ah ! mon Dieu, monsieur, comme vous avez l'air effrayé !

ÉDOUARD.

Je vous demande où est votre maître ?

JEANNETTE.

Dans l'appartement de madame, et mam'zelle aussi.

ÉDOUARD.

Il ne sait pas encore... non, je le vois... Grand Dieu ! comment l'instruire ?

JACOB.

Quoi ! monsieur Édouard, ce que Laurent vient de nous dire serait-il vrai ? On croit que c'est par un meurtre que mon jeune maître a péri ?

ÉDOUARD.

Oui, mes amis. Heureux si les conjectures s'arrêtent à cette horrible supposition !... mais accuser...

TOUS.

Qui donc ?

ÉDOUARD.

Mes amis, vous aimez votre maître; s'il était menacé, vous feriez tout pour sauver ses jours ?

JEANNETTE.

Oh ! oui, monsieur, nous braverions tout !

JACOB.

Mon maître menacé !

ÉDOUARD.

Eh bien, Jacob, Jeannette, il faut m'aider de tout votre pouvoir.

JACOB.

Mais pourquoi ?...

ÉDOUARD.

Nous n'avons pas un instant à perdre ! Vous, Jeannette, rentrez, et tâchez avec prudence d'amener Pauline; il faut que je lui parle.

JEANNETTE.

Oui, monsieur.

ÉDOUARD.

Vous, Jacob, veillez à la porte de la rue :

je redoute une émeute. Si le rassemblement augmente, vous m'avertirez.

JACOB.

J'entends.

ÉDOUARD.

Toi, Laurent, sors de la maison, cours à l'hôtel de ville, observe tous les mouvements, et reviens m'en instruire.

LAURENT.

J'y cours, not'maît'.

ÉDOUARD.

Allez, mes amis; et puisse le ciel favoriser mon dessein! (Ils sortent tous les trois; Jacob et Laurent par le fond, et Jeannette par la porte de l'appartement.)

SCÈNE V.

ÉDOUARD, seul.

Accuser un père du meurtre de son fils... Cruelle prévention... funeste et barbare ignorance, voilà bien ton ouvrage! C'est par toi que des hommes, des frères, enfants d'un même Dieu, brûlent de répandre leur sang! et des méchants, des monstres, excitent ces haines insensées! s'en font des armes sacriléges, et trouvent des complices pour louer leurs forfaits! Infortuné Calas! soixante années de vertu, une existence irréprochable, rien ne peut te sauver!... un seul mot t'a proscrit! (Jeannette amène Pauline.)

SCÈNE VI.

ÉDOUARD, JEANNETTE, PAULINE.

JEANNETTE.

Oui, mam'zelle, c'est lui; c'est M. Édouard qui veut vous parler.

PAULINE.

Édouard!

ÉDOUARD.

Ah! chère Pauline!

PAULINE.

Mon ami, pourquoi n'entrez-vous pas chez ma mère? elle vous attend avec tant d'impatience?... Ah! venez... vous seul pouvez rendre le courage à mes parents!

ÉDOUARD.

Le courage!... ah! Pauline, combien il leur en faut! vous êtes loin encore de connaître la grandeur du péril qui menace votre père.

PAULINE.

Mon père.

ÉDOUARD.

Si les cris d'un peuple en fureur n'allaient bientôt vous l'apprendre, il vous serait impossible de me croire; moi-même je doute encore si mes sens ne m'ont point abusé. Ah! c'est la haine qui cherche et demande une victime, car il est hors de la nature d'accuser un père du meurtre de son fils.

PAULINE.

Que dites-vous, ô ciel!

JEANNETTE.

Quoi! M. Calas...

ÉDOUARD.

Chère Pauline!... la douceur de votre ame, l'innocence de votre cœur, votre jeunesse, et sur-tout la prudence de vos parents, ont mis, jusqu'à ce jour, un voile entre vous et les cruels préjugés des hommes! jamais vous n'avez su jusqu'où l'imagination égarée pouvait porter la prévention!... jamais vous n'avez pu soupçonner à quelles injustices l'erreur peut entrainer!... Vous frémissez... eh bien, oui, Pauline, on dit que votre frère devait changer de religion, et l'on accuse votre père de l'avoir immolé.

PAULINE.

Dieu!...

ÉDOUARD.

Oui, Dieu... c'est lui seul que l'on peut invoquer contre une semblable horreur.

PAULINE.

Un père immoler son fils!... mon ami, ce crime est-il possible?

ÉDOUARD.

Non, Pauline.

PAULINE.

Eh bien, mon père se justifiera.

ÉDOUARD.

Il est perdu si nous ne parvenons à l'arracher à ses accusateurs, à ses juges, au peuple de cette ville!... Chère Pauline, j'ai compté sur vous, sur votre courage, sur l'empire que vous donne l'amour de vos parents, pour les sauver du dernier malheur.

PAULINE.

Oui, Édouard; parlez, que faut-il faire?

ÉDOUARD.

Il faut obtenir de votre père qu'il abandonne sa maison, qu'il fuie, qu'il sorte de Toulouse.

PAULINE.

Au milieu de la nuit?

ÉDOUARD.

A l'instant; mais, en réunissant nos efforts pour l'entrainer loin d'ici, tendre amie, ménageons le cœur d'un père; qu'il ignore qu'on l'accuse d'un parricide : il n'aurait point la force de résister à cette horreur.

PAULINE.

Oh! non, non... ma mère sur-tout!.. O Édouard, que mon cœur est touché de votre amour pour ma famille!

ÉDOUARD.

Allons, chère Pauline, ne perdons pas un instant.

PAULINE.

Venez. (Ils vont pour entrer dans l'appartement; tout-à-coup des voix confuses et des cris se font entendre; ils s'arrêtent effrayés.)

ÉDOUARD et PAULINE.

O ciel ! (Jacob accourt avec effroi.)

SCÈNE VII.

JACOB, ÉDOUARD, PAULINE, JEAN-NETTE.

JACOB.

Ah ! mon cher monsieur Édouard, c'en est fait de nous.

ÉDOUARD.

Qu'y a-t-il ?

JACOB.

La rue se remplit de gens, on s'attroupe devant notre porte, on parle, on s'agite. C'est là... oui... non... si fait... chez M. Calas... disent des voix confuses. Enfin, monsieur, tout annonce une catastrophe, et je ne serais pas surpris que tout-à-l'heure on nous forçât d'ouvrir les portes.

PAULINE.

Ah ! tout serait perdu.

ÉDOUARD.

On n'osera point avant la présence des magistrats, et nous pouvons profiter de ce désordre même ; mais il faut nous hâter. (De grands cris partent à-la-fois ; on entend briser des fenêtres. Tout le monde jette un cri d'effroi.) Pauline, au nom du ciel, conservez votre courage. Je cours...

(Un grand bruit se fait entendre aussi dans l'appartement.)

PAULINE, retenant Édouard.

Arrêtez. (M. et madame Calas entrent précipitamment.)

SCÈNE VIII.

JACOB, JEANNETTE, CALAS, Mme CALAS, ÉDOUARD, PAULINE.

CALAS.

Grand Dieu ! d'où vient ce tumulte ?

MADAME CALAS, courant vers Pauline.

Ma fille !

ÉDOUARD, se précipitant vers Calas qui paraît vouloir sortir.

Arrêtez, ne vous montrez pas.

M. et MADAME CALAS.

Édouard !

ÉDOUARD et PAULINE.

Silence !

JACOB.

Ah ! mon cher maître, nous sommes perdus !

MADAME CALAS.

Juste ciel ! (A son mari.) Ah ! mon ami, ne livre point mon fils.

CALAS.

Livrer mon fils ! jamais, jamais.

(Des coups violents retentissent au-dehors.)

JEANNETTE, entrant.

Ah ! monsieur, on veut enfoncer les portes, on veut briser les fenêtres.

(On entend les clameurs, les vociférations de la populace. L'effroi de la famille Calas est au comble ; on marche ; chacun semble chercher un moyen de salut. Tout-à-coup un bruit affreux de fenêtres enfoncées, de vitres brisées, se fait entendre. Tous les personnages poussent un cri d'effroi. Madame Calas se jette dans les bras de son époux, Pauline se presse près d'Édouard, Jeannette tombe sur un siége, Jacob est au fond. Moment de silence. On écoute avec inquiétude : le bruit diminue.)

JACOB.

Il me semble que l'on s'éloigne.

(On entend le bruit des armes des soldats qui sont censés arriver devant la porte, et dissiper la foule. Jeannette se lève et se rapproche de son père.)

JEANNETTE, écoutant.

Oui, oui, rassurez-vous, monsieur Calas. J'entends marcher comme si c'était des soldats.

TOUS.

Des soldats !

JEANNETTE.

Et puis une voix a crié... retirez-vous (elle écoute.) oui, retirez-vous.

CALAS.

C'en est fait, notre malheur est connu. Édouard, avez-vous vu le pasteur ? nous reste-t-il encor quelque espoir ?

ÉDOUARD.

Non, mon ami ; votre infortune est au comble, elle surpasse tout ce que votre imagination effrayée peut créer de plus épouvantable. Je ne sais quelle voix, quel démon acharné à votre perte, a révélé la mort de votre fils. La haine, l'ignorance, la fureur, aussitôt l'ont entourée des plus atroces circonstances. Les Capitouls sont instruits, on s'assemble à l'hôtel de ville, et l'on s'apprête à vous porter les plus terribles coups.

CALAS.

Les Capitouls sont instruits ! Édouard, c'en est assez, notre perte est certaine. Oui, tout ce que les hommes peuvent éprouver d'opprobre, va tomber sur un vieillard, sur une mère, sur une fille innocente. Ils attacheront à l'échafaud le corps de mon fils, ils abreuveront d'ignominie sa famille expirante ! Amis, parents, patrie, il faudra tout abandonner ; il faudra fuir et nous traîner jusque dans un désert, pour y mourir de honte, de douleur et de misère !

ÉDOUARD.

Ah ! vous ne prévoyez pas encore...

PAULINE.

Édouard...

ÉDOUARD.

Oui, mes amis, il faut fuir ; c'est votre seule, votre dernière ressource. Fuyez : ma famille vous ouvrira un asile à Bordeaux ; moi-même je vous conduirai dans ses bras, je ne vous quitterai jamais. Je suis votre fils, l'époux de

Pauline; notre sort est inséparable. Venez,
venez, mon ami... mon père, à la faveur de la
nuit, vous pouvez encore traverser la foule,
ou bien par le rempart...D'ailleurs, aucun ordre
ne peut être donné... Venez, nous tenterons
tout.

PAULINE.

Oui, mon père, venez.

CALAS.

Que faites-vous, grand Dieu ! et mon
épouse ?

ÉDOUARD.

Elle ne vous quittera point.

MADAME CALAS.

Et pourquoi donc sortir de cette maison ?
Qui veillera près du corps de mon fils ? qui
suppliera les magistrats d'avoir pitié de lui ?

JACOB et JEANNETTE.

Nous, madame.

ÉDOUARD.

Songez qu'on peut vous priver de votre li-
berté, vous séparer de votre époux.

MADAME CALAS.

De mon époux !

CALAS.

Mais, Édouard...

ÉDOUARD.

Au nom du ciel, cédez à ma prière.

PAULINE.

Mon père, si vous m'aimez, si vous avez
pitié de mon sort, laissez-vous guider par
Édouard.

CALAS.

Vous voulez...

PAULINE, ÉDOUARD, JACOB et JEANNETTE, avec
la plus grande chaleur.

Nous vous en supplions.

MADAME CALAS, avec surprise.

Quoi ! tous !

CALAS.

Quel mystère !

ÉDOUARD.

Un seul instant de plus peut achever votre
perte.

MADAME CALAS.

Sa perte ! (A Pauline.) Ton père court-il d'autres dangers ?

PAULINE.

Oui, ma mère ; il y va de sa vie.

MADAME CALAS.

De sa vie ! partons. (Se retournant.) Mais mon
fils ?... Ah ! partons. (Des pas précipités se font entendre.)

ÉDOUARD.

Silence !

LA VOIX DE LAURENT.

Monsieur Calas !.. monsieur Calas !

JEANNETTE.

C'est Laurent.

CALAS.

SCÈNE IX.

JACOB, JEANNETTE, LAURENT,
ÉDOUARD, PAULINE, M. CALAS et
Mme CALAS.

LAURENT.

Monsieur Calas... ah ! vous v'là ! j' n'en
peux plus... j' suis en eau.

ÉDOUARD.

Eh bien ?

LAURENT.

Monsieur Calas, on vient vous arrêter.

TOUS.

L'arrêter !

CALAS.

Moi !

LAURENT.

Toute la justice est su' mes talons... y en a !...
y en a !... mon Dieu, qu'y a d' justice à Toulouse !
ça fait trembler. (Consternation générale.)

ÉDOUARD.

Déja !

PAULINE.

Grand Dieu !

LAURENT.

Ainsi, faites ben fermer vos portes, barri-
cadez-vous !

ÉDOUARD.

Mon ami, à quelque prix que ce puisse être,
il faut sortir d'ici.

PAULINE.

Oui !

LAURENT.

Bah ! sortir... et par où ? toute la maison est
entourée d' soldats... on vient d' donner d' vant
moi l'ordre de n' pas laisser sortir personne.

ÉDOUARD.

Il est trop tard !

PAULINE.

Que va-t-il devenir ?

JACOB.

Mon pauvre maître !

MADAME CALAS.

Que faut-il faire ?

CALAS, avec calme.

Mes amis, soumettons-nous à la volonté de
Dieu, et prions-le qu'il daigne attendrir pour
mon fils le cœur des magistrats.

(On entend frapper plusieurs coups, et une voix s'écrier :)

Au nom du Capitoul, ouvrez.

(Mouvement d'effroi général.)

CALAS.

Jacob, allez ouvrir la grille du jardin.

(Jacob incertain regarde Édouard, qui lui fait un signe
négatif. Pauline est dans le plus grand effroi. Madame
Calas semble chercher à deviner pour qui elle doit trembler.)

CALAS, après un silence.

Allez, Jacob, il faut obéir.

JACOB, *regardant Édouard.*

Il le faut... mon cher maitre, j'y vais. (Il sort
consterné.)

SCÈNE X.

LES MÊMES, *excepté* JACOB.

PAULINE, *bas à Édouard.*

Édouard, il faut instruire mon père.

ÉDOUARD, *de même.*

Hélas ! peut-être n'osera-t-on l'accuser...
attendons.

PAULINE.

Espérons.

CALAS.

Chère épouse, du courage ! notre fils est
coupable d'avoir disposé des jours que le ciel
lui avait donnés ; mais nous, hélas ! nous
sommes innocents... Quelle que soit la défaveur
qui pèse injustement sur nous, il n'est point
de cœur qui puisse être armé contre le spectacle qui va s'offrir aux yeux des magistrats.
(Il ouvre le cabinet.) Là, le corps inanimé d'un
jeune homme, l'espoir et l'amour de sa famille... A leurs pieds, une mère, une sœur,
qui les supplieront d'épargner ces restes pré-
cieux, et de ne point charger d'opprobre les
derniers jours d'un vieillard !... s'ils restaient
insensibles, Dieu lui-même en serait offensé.

PAULINE, *avec effroi.*

Les voici !... ô ma mère !... (Elle va auprès d'elle.)

MADAME CALAS.

La force et le courage sont prêts à m'abandonner.

SCÈNE XI.

CALAS, Mme CALAS, ÉDOUARD, AMBROISE,
PAULINE, LE CAPITOUL, JACOB, JEAN-
NETTE, DES HUISSIERS, LAURENT, DOC-
TEURS, ASSESSEURS, GREFFIERS, GARDES.

(Jacob entre le premier, indiquant le chemin. Deux
hommes viennent ensuite avec des torches allumées ; les
soldats les suivent et garnissent le fond du vestibule.
Après eux viennent les huissiers, le greffier, deux juges,
et deux hommes qu'à leur costume on doit reconnaitre
pour des chirurgiens. Ambroise s'est glissé dans la foule,
et se tient caché dans quelques groupes. Le Capitoul en
grand costume parait le dernier ; il entre vivement et
s'arrête au milieu du vestibule. Madame Calas et Pauline
se jettent à genoux ; Jacob, Laurent et Jeannette s'inclinent d'un air suppliant. Calas, plus près du cabinet,
montre la porte ouverte. Ambroise, au fond, suivant le
geste de Calas, montre aussi le cabinet aux juges. Le
Capitoul jette sur tout le monde un regard sévère.
Édouard se tient prêt à relever madame Calas et Pauline.)

CALAS.

Monsieur le Capitoul, nous ne chercherons
point à déguiser la vérité ; mon fils n'est plus :
j'aurais voulu cacher son crime ; la nature, ma
tendresse pour lui m'en faisait un devoir. Je ne
crois pas qu'il soit au monde un père qui me
condamne... Voyez à vos genoux une famille
au désespoir, dont l'honneur, dont le sort va
dépendre de votre humanité !

LE CAPITOUL, *à madame Calas et à sa fille.*

Levez-vous, madame. (Édouard relève madame
Calas et Pauline.) (A Calas.) Vous ne devez attendre d'un magistrat que la justice, et des lois
que la punition du crime.

CALAS.

Du crime ! hélas ! n'est-il pas expié ?

LE CAPITOUL.

Il faut que la société soit vengée. (Aux chirurgiens.) Messieurs, entrez dans cet appartement...
(Il indique le cabinet.) Examinez le malheureux
qui a cessé de vivre, et faites votre rapport
conforme à la vérité. (Madame Calas fait un mouvement pour aller vers le cabinet.) Restez, madame.
(Les chirurgiens, précédés de quelques soldats, entrent
dans le cabinet. Après qu'ils sont entrés, un juge s'avance
pour recevoir les ordres du Capitoul ; celui-ci lui fait signe
d'attendre, et se tourne vers Calas.) Remettez à monsieur toutes les clefs de votre maison ; et celles
des meubles qui renferment vos papiers.

CALAS.

Pourquoi donc, monsieur ? cet ordre n'a
point de rapport avec l'événement qui vous
amène chez moi.

LE CAPITOUL.

Obéissez, monsieur.

CALAS.

Jacob, mon ancien serviteur, va vous remettre les clefs, depuis vingt ans il en est dé-
positaire.

LE CAPITOUL, *au juge.*

Vous avez reçu mes instructions ; accompa-
gnez cet homme. (A Jacob.) Vous, conduisez
monsieur, et faites sans observation tout ce
qu'il vous prescrira.

JACOB.

Pardonnez-moi, monsieur le Capitoul ; mais
chez mon maitre, je ne puis recevoir que des
ordres de mon maitre... si monsieur le commande, alors...

CALAS.

Oui, mon ami, obéissez aux magistrats.

JACOB.

Cela suffit... (Au magistrat.) Monsieur, je suis
à vos ordres.

(Sur l'ordre du Capitoul, le juge, deux soldats et Jacob qui
les précède, sortent par la porte de l'appartement. Pendant cette sortie, qui a occasioné un mouvement général, on place une table ; un greffier s'y assied, et un
juge se tient debout près de lui, comme pour lui dicter.
Édouard fait asseoir madame Calas dans un fauteuil.
Pauline, Jeannette, Laurent et lui-même restent auprès
d'elle : Calas est de l'autre côté. Les deux valets qui
portent des torches les ont éteintes. Deux soldats sont à
la porte du cabinet. Ambroise se rapproche petit à petit
du Capitoul.)

SCÈNE XII.

Les Précédents, excepté JACOB; les deux
Chirurgiens, le Juge et les Soldats.

(Un autre juge ou assesseur remet un papier déployé au
Capitoul; celui-ci y jette les yeux, en avançant de quelques pas.)

CALAS.

Quelles sont donc, monsieur, vos intentions
sur moi, sur ma famille? on dirait que nous
avons commis une action coupable.

LE CAPITOUL.

Vous devez le savoir. (Édouard et Pauline se jettent un regard plein d'effroi; examinant le papier qu'il
tient, lorsqu'il veut interroger, le Capitoul ajoute :)
Veuillez répondre à ce que je vais vous demander. Votre fils n'avait-il pas l'habitude de passer hors de chez vous une grande partie de la
journée ?

CALAS.

Oui, monsieur.

LE CAPITOUL.

Hier, est-il sorti ?

CALAS.

Non, monsieur; il ne nous a point quittés
de toute la journée. (Le Capitoul fait signe au juge
qui est auprès de la table; celui-là fait écrire le greffier; à
toutes les réponses importantes, le même jeu se réitère.)

LE CAPITOUL.

Vous avez reçu du monde pendant la soirée ? A quelle heure se retira votre société ?

CALAS.

A neuf heures.

LE CAPITOUL.

Et votre fils, à quelle heure mourut-il ?

CALAS.

Mon fils !... hélas ! ce fut, je crois, vers la
même heure.

LE CAPITOUL.

Étiez-vous alors avec votre société ?

CALAS.

Oui, monsieur; toute la famille se leva pour
la reconduire.

MADAME CALAS.

Mon ami, tu te trompes... notre fils n'était
point avec nous.

CALAS.

Il est vrai... pardon... Mais je suis si troublé !...

LE CAPITOUL, se tournant vers le juge.

Observez qu'ils se contredisent.

ÉDOUARD.

Eh quoi ! monsieur... un père accablé de
douleur peut-il avoir présentes à la mémoire
jusqu'aux moindres circonstances de l'événement affreux qui lui a ravi son fils ?... Voyez-
vous qu'il cherche à vous tromper ?... Que pou-
vez-vous induire d'une erreur si légère ?

LE CAPITOUL.

Vous oubliez, monsieur ! que j'ai seul ici le
droit d'interroger. (A Calas.) Dans quel endroit
dites-vous que votre fils a péri?

CALAS, montrant le pavillon.

Là, dans ce pavillon.

LE CAPITOUL.

Et votre fête, où se donnait-elle ?

CALAS.

Dans le jardin.

LE CAPITOUL, rendant au juge le papier qu'il tient.

Quoi ! c'est dans le lieu même de votre réu-
nion, à l'instant où votre société se retire, dans
le moment encore où vous étiez devant ce pavillon... c'est enfin sous vos yeux que votre fils
expire !... et vous voulez prétendre que vous
l'ignoriez?

(Ambroise s'approche et parle bas au Capitoul.)

CALAS.

Rien n'est plus vrai, monsieur.

MADAME CALAS.

Ce sont les cris de nos gens qui nous ont
appris cet horrible événement.

JEANNETTE, s'approchant un peu.

C'est ben la vérité, monsieur le... (Elle aperçoit
Ambroise qui parle au Capitoul.) Ah ! (Elle marche d'un
air effrayé.)

ÉDOUARD, à Jeannette.

Qu'avez-vous?

(Madame Calas, Pauline et Édouard regardent Jeannette
avec étonnement. Son cri et son mouvement n'ont point
été remarqués du Capitoul, qui s'occupe de ce que lui dit
Ambroise, et du procès-verbal des réponses de Calas,
que lui montre le juge.)

JEANNETTE, à madame Calas.

Ah ! madame, qu'est-ce qu' j'ai vu là?

MADAME CALAS et PAULINE.

Quoi donc?

JEANNETTE.

M. Ambroise !... y parle au Capitoul !

MADAME CALAS.

Ambroise !... que peut-il faire ici? Jeannette,
tâche d'avertir mon époux.

JEANNETTE.

Laissez-moi faire.

(Jeannette se retire un peu en arrière, en cherchant à n'être
pas vue. Ambroise l'aperçoit et la fait remarquer au
Capitoul.)

LE CAPITOUL, à Jeannette.

Qui êtes-vous ?

JEANNETTE, tremblante.

Moi !... moi, monsieur le Capitoul?... j'
m'appelle Jeannette, j' suis la fille à Jacob, la
fiancée d' Laurent, et la servante d' la maison.

LE CAPITOUL.

Où alliez-vous ?

JEANNETTE.

Monsieur... j'allais... (Madame Calas, Pauline et
Édouard cherchent à lui faire signe de se taire.)

LE CAPITOUL, le remarquant.

Laissez-la parler, madame... Jeannette, ré-
pondez-moi, et dites la vérité.

JEANNETTE.

Dam !... j'allais dire à monsieur d' prendre
garde à lui.

LE CAPITOUL.

Prendre garde !... pourquoi ?

JEANNETTE.

Parceque... parceque M. Ambroise est là.

LE CAPITOUL.

Fort bien ! (Jeannette retourne sur ses pas.)

AMBROISE.

Vous l'entendez, monsieur le Capitoul !

(Tout le monde est dans la plus grande surprise, excepté Pauline et Edouard, dont l'effroi augmente. Les chirurgiens sortent du cabinet, toute l'attention se porte sur eux.)

SCÈNE XIII.

LES PRÉCÉDENTS, LES CHIRURGIENS, et peu après JACOB, LE JUGE et LES SOLDATS qui étaient sortis.

(Le papier que les chirurgiens ont signé est remis par le juge au Capitoul, qui le lit bas. Tout le monde est dans l'attente.)

LE CAPITOUL, aux chirurgiens.

Messieurs, notre avis est unanime ; les circonstances que vous avez remarquées dans la mort violente de ce jeune homme, sont bien avérées ? (Ils affirment par un signe.) Plus de doute ! (Jetant sur Calas un regard sévère.) Quelle horreur ! (Mouvement général de surprise. Jacob, le juge et les soldats rentrent dans ce moment. Le juge remet plusieurs papiers au Capitoul. Jacob s'approche de son maître.)

JACOB, à Calas.

Mon cher maître, on a visité par-tout, mais principalement dans la chambre de monsieur votre fils, où l'on s'est emparé de tous ses papiers.

CALAS.

Hélas ! mon ami, ma surprise est égale à ma douleur !

LE CAPITOUL, donnant à un juge un fragment de lettre que le dernier montre à Calas.

Reconnaissez-vous dans ce fragment de lettre l'écriture de votre fils ?

CALAS.

Oui, monsieur... oui, c'est bien son écriture.

LE CAPITOUL, à qui le juge a remis le papier.

Écoutez... cette preuve est foudroyante ! (Il lit.) « Vous exigez que je renonce à la croyance « de mes ancêtres... Ah ! si je n'écoutais que le « penchant de mon cœur...

(La surprise et l'étonnement de la famille Calas devient extrême.)

« qu'il me serait doux de voler dans vos bras ! « mais quels nœuds il faut rompre, avant d'en « former de si chers !... le pourrais-je ?... non ; « j'attirerais sur moi le courroux de mon père, « et ce courroux serait l'arrêt de ma mort. »

(Il rend la lettre au juge.)

MADAME CALAS.

De sa mort !

ÉDOUARD.

Il est perdu...

PAULINE.

O mon frère ! qu'as-tu fait ?

(Le Capitoul les observe.)

MADAME CALAS, à son mari.

Mon ami, comprends-tu ?...

CALAS, au Capitoul.

Quoi ! monsieur, mon fils a écrit ces mots ?... à qui donc ?

LE CAPITOUL.

Puisque vous persistez dans votre feinte ignorance, je vais vous fermer ce refuge. Le chagrin profond que tout le monde a remarqué dans votre fils, provenait du desir qu'il avait d'abjurer...

CALAS et SA FEMME.

D'abjurer !

LE CAPITOUL.

Et de la crainte, de la terreur que vous lui inspiriez.

CALAS et SA FEMME.

Nous !

LE CAPITOUL.

Cette nuit même il devait prononcer cette abjuration. Le temple était paré, les ministres avertis ; les flambeaux qui devaient éclairer cette auguste cérémonie brûlent encore !... Eh bien ! de votre propre aveu, vous ne l'avez pas laissé sortir ; à neuf heures vous restâtes seul chez vous... et c'est alors que votre fils expira, pendant qu'on l'attendait à l'autel ! Ce fragment de lettre dévoile le reste du mystère ; et cette attestation sur l'examen des blessures confirme qu'il ne s'est pas lui-même donné la mort... qui donc l'a frappé ?

MADAME CALAS.

Grand Dieu !

CALAS.

Qui l'a frappé ?

LE CAPITOUL.

Vous !

TOUS, avec horreur.

Ah !

(Madame Calas retombe sur son siège ; sa fille se couvre les yeux. L'horreur et la consternation sont au comble.)

CALAS.

Juste ciel ! l'ai-je bien entendu ? égorger mon enfant ! (Se tournant vers le cabinet.) O mon fils ! lève-toi ; viens, viens répondre aux accusateurs de ton père...

ÉDOUARD.

Quoi ! cet exécrable mensonge trouve pour le répéter la bouche d'un magistrat !

CALAS.

Barbare ! vous êtes père, et vous osez supposer ce forfait ?

LE CAPITOUL.

Le supposer ! malheureux !... vous aviez un témoin !

TOUS.

Un témoin !...

LE CAPITOUL, montrant Ambroise.

Le voici !

TOUS.

Ambroise !

CALAS et ÉDOUARD.

C'est une imposture !

LAURENT, écartant tout le monde.

Attendez!... oui, oui... si fait... monsieur y était, c'est ben son habit... j'le r'connais... j'lai vu hier soir derrière la grille... il était encore là, quand monsieur Calas est sorti du pavillon.

ÉDOUARD.

Comment, que dis-tu ?

LE CAPITOUL.

Il rend témoignage.

LAURENT.

Pardi! certainement; et monsieur qu'a tout vu peut ben dire la vérité tout comme moi.

CALAS, à Ambroise.

Ah! s'il est vrai, monsieur... puisque vous fûtes l'ami de mon malheureux fils, vous devez avoir pitié de son malheureux père!... au nom du ciel, dites la vérité.

AMBROISE.

La voici. A neuf heures je sortis du temple, où votre fils était attendu ; je me rendis ici pour le prendre et le conduire à l'autel. J'arrive ; des cris, des gémissements frappent de loin mon oreille... d'affreux pressentiments commencent à m'agiter... j'accours en frémissant ; à peine ai-je atteint la grille, que j'entends retentir les mots de meurtre, d'assassinat.... j'entre : madame et mademoiselle paraissent, se précipitent vers ce pavillon ; j'y porte aussi mes regards, et je vois Calas en sortir, tremblant, pâle, défiguré ; à son aspect tout le monde s'arrête, et madame, devinant sur ses traits, le crime qu'il vient de commettre, s'écrie : Mon fils n'est plus !... Épouvanté de tant d'horreur, je me suis éloigné de ce repaire du crime, et j'ai cru que le ciel et les hommes m'ordonnaient de demander vengeance ; j'atteste l'honneur que je n'ai pas dit un mot qui ne soit véritable.

ÉDOUARD.

Misérable! la plus atroce calomnie serait bien moins funeste que ta perfide vérité.

(Monsieur et madame Calas restent accablés, anéantis.)

LE CAPITOUL, à Calas.

Qu'avez-vous à répondre ?

CALAS.

Rien, monsieur.

PAULINE, courant dans les bras de son père.

Quoi! mon père, vous vous laissez accuser par ce monstre? Ah! nous sommes tous témoins que vous adoriez mon frère.

JACOB, JEANNETTE, LAURENT.

Oui, oui, monsieur, tous.

ÉDOUARD.

Monsieur le Capitoul, vous ne pouvez per-

sister dans cette épouvantable accusation ; la nature vous le défend, vous outragez le ciel en ne la repoussant pas. Quoi! supposez-vous les hommes plus féroces que les monstres des forêts? Le tigre chérit les fruits de son amour, et un père les égorgerait! Une mère laisserait déchirer l'enfant qu'elle a porté dans son sein. Une mère! et la plus tendre, la plus respectable!... Quoi! soixante années de vertu, la douceur la plus inaltérable, l'amour paternel le plus pur, le plus ardent, ne pourront garantir d'un soupçon qui révolte l'humanité, dont la réalité renverserait l'ordre de la nature? Non, non, vous ne le croyez pas... vous ne le croyez pas... aucun magistrat n'admet un forfait semblable.

MADAME CALAS.

Ah! repoussez cette horrible calomnie.

(Toute la famille et les serviteurs tendent leurs mains vers le Capitoul.)

LE CAPITOUL.

Je ne puis écouter, ni suivre que mon devoir. Vous êtes accusé, les actions parlent : vous vous défendrez devant les tribunaux. (A sa suite.) Qu'on arrête monsieur, qu'on s'assure de sa famille, et que le corps de la victime soit transporté à l'hôtel de ville.

MADAME CALAS.

Grand Dieu!

PAULINE.

O mon père !

JACOB, JEANNETTE et LAURENT, se jetant aux pieds du Capitoul.

Monsieur le Capitoul!...

LE CAPITOUL, à sa suite.

Obéissez.

(Les trois serviteurs se relèvent dans la plus profonde affliction. Un juge, des soldats et d'autres personnes entrent dans le cabinet. Calas se trouve en même temps environné de soldats prêts à l'emmener.)

CALAS.

Chère épouse! ma fille, je ne suis point coupable. Calmez vos alarmes sur mon sort. Dieu ne permettra pas que le juste succombe. Cependant s'il le veut, ah! qu'il détourne cette épreuve trop cruelle pour vos cœurs. (Toutes deux fondent en larmes.) Cher Édouard, vous viendrez me défendre?

ÉDOUARD.

Je jure de périr avec vous ou de vous justifier.

(Le Capitoul et toutes les personnes qui l'accompagnent sortent. Calas se place lui-même au milieu de ses gardes, et sort en jetant sur sa famille des regards pleins de douleur. Madame Calas veut faire quelques pas pour suivre son époux, mais dans ce moment le juge et les soldats entrés dans le cabinet en sortent; ils sont suivis de deux hommes qui emportent le cadavre. A cette vue madame Calas jette un cri, et détourne la vue. Le rideau baisse au moment où les porteurs sortent du cabinet, et avant que le corps de Marc-Antoine Calas soit vu des spectateurs.)

ACTE TROISIÈME.

Le théâtre représente la grande salle, dite DES PAS PERDUS, de la maison de ville de Toulouse ; trois grandes croisées en ogives, de toute la hauteur d'un vaisseau, et toutes vitrées en verres de couleur, ferment le fond de cette salle. A la fin de l'acte, à l'instant où Calas est conduit au supplice, ces trois fenêtres s'ouvrent et laissent voir une place publique, et en face la tour du beffroi. A droite et à gauche, au deuxième plan de la salle, et bien en face l'une de l'autre, deux grandes portes à deux battants, ornées d'architecture, et auxquelles on monte par deux ou trois degrés. Sur celle à gauche de l'acteur, est écrit : CHAMBRE DE JUSTICE ; sur celle à droite : CHAMBRE DU CONSEIL. Pour meubles, des fauteuils antiques.

SCÈNE I.
ÉDOUARD, AMBROISE.

(Ambroise sort précipitamment de la chambre de justice, et semble vouloir fuir : Édouard le suit.)

ÉDOUARD.

Arrêtez, monsieur, arrêtez, vous dis-je.

AMBROISE.

De quel droit suivez-vous mes pas?

ÉDOUARD.

Vous m'entendrez malgré vous.... ici, partout, seul, en présence de mille témoins.... vous n'échapperez nulle part à la vérité... nulle part vous n'éviterez la malédiction d'une famille innocente que vous allez traîner à l'échafaud!

AMBROISE.

Monsieur, est-ce une accusation que vous prétendez porter contre moi?... Ignorez-vous qu'en m'adressant de pareils outrages, vous les dirigez également contre la majesté du tribunal, dont la sentence va tout-à-l'heure justifier ma conduite, et condamner vos emportements?

ÉDOUARD.

Et sur quelles preuves le tribunal pourrait-il jamais rendre cette horrible sentence, si, par la plus exécrable accusation... si, par votre serment sacrilège, vous ne forciez les juges à condamner sans pouvoir, sans oser consulter leur conscience? Les lois les plus sages deviendraient-elles jamais des armes homicides, si l'on ne voyait point des monstres tels que vous, égarer, tromper, flétrir la justice même? Avec un front d'airain, vous avez juré devant Dieu de dire la vérité : j'ai vu pâlir les magistrats ! et vous, malheureux, vous avez pu, sans horreur, attester qu'un père avait égorgé sous vos yeux un fils qu'il adorait!... Ah! si votre parjure n'a point allumé la foudre ; si la terre épouvantée d'être foulée par vous n'a point tremblé sous vos pas, reconnaissez la clémence infinie de Dieu, qui laisse encore à votre repentir le temps de réparer le plus horrible des forfaits.

AMBROISE.

C'en est trop.

ÉDOUARD.

Eh! suis-je donc le maître de mon désespoir? *(Prenant le ton de la prière.)* Écoutez-moi, monsieur, nous sommes ici sans témoins... Vous pouvez m'entendre sans rougir... Calas est innocent, vous le savez... Je lis sur votre front que vous n'en doutez point. Eh bien! confiez-moi la cause de votre haine; quelles injures avez-vous reçues de ces infortunés?... Je les réparerai. Vous ont-ils fait quelques torts dans l'honneur, dans la fortune? Je vous engage tous mes biens, je vous livre tout ce que je possède, et je vous jure secret éternel... Vous vous troublez!... ah! suivez sans hésiter la voix de votre conscience; venez, venez rétracter votre coupable déposition : vous arrêterez la mort prête à frapper un vieillard... Le sang innocent ne retombera point sur votre tête, ne demandera pas le vôtre au jour du jugement terrible... Et moi je vous comblerai de richesses, je vous épargnerai les horreurs d'un crime, des remords, et peut-être bientôt de la vengeance des hommes... Venez, venez, que la justice, que l'humanité triomphent!...

(Il veut l'entraîner.)

AMBROISE, *s'arrachant de ses mains.*

Qu'osez-vous me proposer?... moi, paraître au tribunal pour justifier Calas!... si j'y retourne, tremblez pour vous-même, car ce sera pour ajouter à toutes les preuves les offres criminelles que vous avez l'audace de me faire.

ÉDOUARD.

Ton ame est donc inaccessible aux remords, à la terreur qu'éprouvent les plus grands coupables ?

AMBROISE.

Je n'ai rien à redouter, le Capitoul est convaincu.

ÉDOUARD.

Ah! monstre... tu savais trop qu'il n'aurait pas manqué de l'être.

AMBROISE.

Vous accusez le premier magistrat?...

ÉDOUARD.

Je n'accuse que toi, et c'est devant Dieu! puisque rien ne peut t'arrêter dans le crime, puisque dans ta rage aveugle tu ne vois pas que l'abime où tu vas plonger Calas ne se refermera qu'après t'avoir englouti. Va donc, malheureux! cours t'y précipiter! Mais écoute le serment que je fais... Si le père de mon épouse monte sur l'échafaud, les entrailles même de la terre ne pourront te soustraire à ma vengeance, et ton sang, tout ton sang me répondra du sien!

AMBROISE.

Je cours vous dénoncer.

ÉDOUARD, l'entraînant vers la salle de justice.

Viens, viens donc, misérable!.. (Les portes s'ouvrent avec bruit, deux huissiers paraissent.) Dieu !... (Édouard et Ambroise s'arrêtent : un juge sort du tribunal.)

SCÈNE II.

AMBROISE, ÉDOUARD, L'Assesseur, peu après JACOB et JEANNETTE, Soldats.

L'ASSESSEUR.

Les débats sont terminés, les juges vont se rendre au conseil; ordonnez qu'on ouvre les galeries.

(Il traverse et entre dans la chambre du conseil. Les deux huissiers sortent chacun par l'une des galeries. Aussitôt on entend un bruit confus de pas et de voix, dans l'une et l'autre galerie, et des pelotons de soldats traversant de l'une à l'autre.)

ÉDOUARD.

C'est est fait, on va prononcer !... quoi ! vous ne frémissez pas ?

(Jacob et Jeannette accourent par l'une des galeries.)

JEANNETTE.

Ah! mon père, voilà M. Édouard.

JACOB.

C'est lui !.. Ah ! monsieur, au nom de Dieu, dites-nous...

ÉDOUARD, très ému.

Mes amis, on va prononcer le jugement.

JACOB et JEANNETTE.

Le jugement !

(Une haie de soldats se forme dans toute la largeur du théâtre, et ferme ainsi le fond. Deux groupes de peuple se montrent à l'ouverture de chaque galerie, mais sans entrer, étant contenus par des factionnaires.)

AMBROISE, voyant les portes des deux salles s'ouvrir.

Éloignons-nous. (Il gagne le fond.)

L'OFFICIER, qui commande la haie de soldats.

On ne passe plus.

(Ambroise est obligé de rester, et, voyant tout-à-coup arriver madame Calas et Pauline, il reste au fond, près des soldats, cherchant à se cacher.)

AMBROISE.

Dieu ! tâchons d'éviter les regards !...

JEANNETTE.

Ma maîtresse.

ÉDOUARD.

Ah !...

(Madame Calas et Pauline paraissent dans un trouble extrême.)

SCÈNE III.

AMBROISE, ÉDOUARD, Mme CALAS, PAULINE, JACOB, LAURENT.

MADAME CALAS, entraînant Pauline.

Viens, viens, ma fille : qu'il nous trouve encore sur son passage.

ÉDOUARD.

Madame !...

JACOB et JEANNETTE, lui baisant les mains.

Ma maîtresse !... ma bonne maîtresse !...

ÉDOUARD.

Où allez-vous !.. quel est votre dessein?

MADAME CALAS.

Ah ! c'est vous, Édouard !... mes amis, mon époux est perdu !... on va le condamner... le condamner !... non, c'est impossible !.. voilà les juges... les voilà... restez... avec moi !... jetons-nous encore à leurs pieds... implorons leur justice.

(Édouard, Pauline, Jacob et Jeannette l'entraînent vers une des extrémités de la salle. Ambroise se tient toujours au fond. Les huissiers, les juges, sortent de la chambre de justice, et marchent vers la porte en face, qui mène à la porte du conseil; ils s'arrêtent au milieu du théâtre, pour laisser passer le Capitoul; les soldats sont sous les armes; le peuple reste au fond.)

SCÈNE IV.

LES PRÉCÉDENTS, LE CAPITOUL, Juges, Assesseurs, Huissiers, etc.

(Au moment où le Capitoul traverse le théâtre, madame Calas et Pauline se précipitent vers lui.)

MADAME CALAS et PAULINE.

Arrêtez !... arrêtez ! (Elles tombent à ses pieds.)

JACOB et JEANNETTE, s'y prosternant aussi.

Grace ! grace pour notre maître !

LE CAPITOUL.

Que faites-vous, madame ?

MADAME CALAS.

Mon époux est innocent !... Nous le jurons par tout ce qu'il y a de plus sacré !... au nom de ce Dieu qui vous jugera vous-même, ne consommez pas la plus horrible injustice !... n'en croyez pas un imposteur, un monstre exécrable... ah ! ne condamnez pas le plus vertueux des hommes... mon époux !...

PAULINE.

Mon père...

JACOB et JEANNETTE.

Grace !

LE CAPITOUL.

Relevez-vous, madame. (Aux juges.) Messieurs, rendons-nous au conseil.

ÉDOUARD, se contenant avec peine.

Cruel !

(Madame Calas, Pauline, Jacob et Jeannette se relèvent avec consternation.)

LE CAPITOUL.

Les larmes, ni les menaces ne peuvent rien

sur nous ; nos opinions sont formées, rien ne doit les changer... Absous ou condamné, vous connaitrez bientôt le sort de votre époux. (A quelqu'un de sa suite.) Je permets à l'accusé d'attendre dans cette salle qui doit rester ouverte à sa famille. (Aux juges.) Allons, messieurs.

(Tout le cortège entre dans la salle du conseil. Les soldats se forment en pelotons, le peuple se retire ; et l'officier, en congédiant les soldats par l'une et l'autre galerie, donne des ordres qui indiquent qu'on va placer des factionnaires aux portes extérieures. Ambroise suit tous les mouvements, empressé de sortir et regardant avec crainte la famille Calas. Celle-ci est plongée dans la stupeur.)

SCÈNE V.

Mme CALAS, ÉDOUARD, AMBROISE, PAULINE, JACOB, JEANNETTE.

PAULINE.

Ah ! ma mère, conservons encore l'espérance.
(Pauline et Édouard cherchent à l'emmener.)

AMBROISE, à part.

Grace au ciel, je puis sortir... Je n'ai plus la force de supporter leur aspect. (Il cherche à s'éloigner.)

PAULINE.

Allons au-devant de mon père.

TOUS, avec indignation, apercevant Ambroise.

Ambroise... (Il se trouve cerné de tous côtés, et son trouble le rend immobile.)

MADAME CALAS.

O ciel !... il est devant mes yeux.

ÉDOUARD.

Quoi ! tu oses affronter les regards de tes victimes?

MADAME CALAS.

Exécrable calomniateur !... viens-tu t'abreuver du sang de mon époux... d'où vient ta haine impie ?... d'où vient ta rage abominable ?... que t'a fait Calas? moi; cette fille infortunée ?... est-ce l'enfer qui t'envoie pour exterminer ma famille?

AMBROISE, dans le dernier trouble.

Madame...

MADAME CALAS.

C'est toi seul qui as accusé l'innocent !... c'est toi qui le traînes à l'échafaud !... c'est sur toi que retombera son sang; et nos cris de douleur, nos malédictions et les foudres de Dieu te poursuivront jusqu'au tombeau.

TOUS.

Oui, jusqu'au tombeau !

AMBROISE, éperdu.

Laissez-moi m'éloigner.

ÉDOUARD, le poursuivant.

Non, tu dois les attendre!... ton supplice commence avec celui de ta victime; mais le sien va devenir le triomphe du juste, tandis

que le tien se prolongera dans les horreurs de l'éternité !.. Les remords vengeurs t'y poursuivront sans relâche !... Tu verseras jour et nuit des larmes de sang !... et quand tes yeux se fermeront à la lumière, alors la main de Dieu te livrera aux éternels supplices, et les malédictions célestes retentiront encore dans l'éternité !

AMBROISE, fuyant.

Grand Dieu !... laissez-moi !... laissez-moi !...

MADAME CALAS, le poursuivant.

Malédiction !.. malédiction !..

TOUS.

Oui, malédiction sur toi !..
(Il fuit dans la dernière épouvante. Calas, conduit par quelques gardes, paraît sur le seuil de la chambre de justice.)

PAULINE.

Ah ! voilà mon père !

JACOB et JEANNETTE.

Mon maître !
(Tout le monde court à lui ; on l'amène, on l'entoure avec toutes les marques du respect et de l'amour. Les soldats se retirent.)

SCÈNE VI.

Mme CALAS, CALAS, PAULINE.

CALAS.

Qu'il m'est doux de me revoir au milieu de ma famille, entouré de mes enfants !.. oui, de mes enfants, car un ami comme Édouard, des serviteurs tels que vous, ne peuvent être des étrangers pour moi !... Et toi, chère épouse... (A Pauline.) Toi, maintenant le seul objet de notre amour !... Plus je sens approcher le moment d'une éternelle séparation, plus ma tendresse est profonde et vive !... plus j'éprouve de délices à vous presser sur mon cœur !... Vous pleurez !... Ah ! s'il est cruel, s'il est affreux de vous quitter, hélas ! je sais qu'il doit l'être encore plus pour toi... (à sa femme et sa fille.) pour vous, de survivre à notre malheur.

MADAME CALAS.

Ah ! ne crois pas que je supporte un pareil coup !

CALAS.

Que dis-tu?... et notre fille !... N'est-ce point assez pour cette innocente créature, de perdre en un seul jour, honneur, fortune, son père et son époux ?... Ah ! qu'il lui reste du moins sa mère !

JACOB.

Et nous, mon cher maître !... nous aussi nous lui resterons toujours !... ma fille et moi, nous servirons mademoiselle jusqu'à notre dernier soupir.

ÉDOUARD.

Quoi ! mon ami, mon cœur ne vous est-il pas connu ?... Ah ! si jamais Pauline me fut chère, c'est dans ce jour d'affliction !

CALAS.

Je vous crois, cher Édouard; mais si je suis condamné, la misère!... l'infamie!...

ÉDOUARD.

L'infamie!... il n'en est que pour le crime, jamais pour l'innocence!... Que dis-je?... Le nom de Calas s'ennoblira par le malheur et je suis fier de partager son infortune!... Qu'on vous ravisse vos biens, les miens appartiennent à ma mère : vos vertus resteront l'héritage de votre fille... Pour moi, monsieur, j'ai protesté de votre innocence, je la proclamerai sans cesse, fût-ce au péril de ma vie. O Pauline! et vous, sa tendre mère, et toujours la mienne, quel que puisse être l'évènement qui se prépare, ne me retirez pas le don que vous avez daigné me faire!... Venez, mon amie, et pendant que les juges prononcent sur le sort de notre père, demandons-lui de vouloir encore nous unir, de confier à notre amour la plus tendre des mères!... et de partager entre nous son infortune, sa tendresse et sa bénédiction paternelle! (Ils s'inclinent tous les deux aux pieds de Calas.)

CALAS.

O mes enfants!... que Dieu reçoive les vœux de mon cœur, et que mes souffrances, offertes avec résignation, vous obtiennent le bonheur que vous méritez si bien!

(Des pas précipités se font entendre ; Laurent accourt.)

SCÈNE VII.

LES MÊMES, LAURENT, L'OFFICIER.

LAURENT, à l'officier qui s'oppose à son entrée.

Laissez-moi donc entrer, j' vous dis que j' suis de la famille. Pardi, c'est clair, puisque j' m'appelle Laurent et que j' suis l' jardinier du futur d' la d'moiselle.

JEANNETTE.

Eh! c'est c' pauv' Laurent!

LAURENT.

T'nez, les v'là tous... d' mandez-leux-y.

ÉDOUARD.

Oui, oui, ce garçon m'appartient : je vous prie de le laisser entrer.

LAURENT.

La!... (L'officier le laisse passer.) Qu' la justice est malhonnête!

ÉDOUARD.

Que veux-tu?... quel sujet t'amène?

LAURENT.

Chut!... Monsieur Calas, si vous saviez c' qui s' passe dans la ville!..

TOUS, avec empressement.

Quoi donc?

LAURENT, inquiet.

N'y a-t-il pas d' danger?

TOUS.

Non, non.

CALAS.

LAURENT.

C'est qu' si on m'entendait, voyez-vous... ça pourrait ben aussi m' faire une mauvaise affaire!

JEANNETTE.

Ne crains rien; dis c' qui s' passe, tout c' que tu sais.

LAURENT, à Calas.

On veut vous sauver!

TOUS.

Le sauver!

LAURENT.

Chut!... il est p' t-êt' pus prudent que je n' vous en dise pas davantage!

MADAME CALAS.

Parlez, parlez.

LAURENT.

Toute la ville est en rumeur!... et c'est qu'y en a fièrement, et des riches, des pus gros marchands de la ville!... Eh ben, ceux-là s' rassemblent comme ça par groupes... plusieurs ensemble, et puis on jase... on jase...

ÉDOUARD.

Après?

LAURENT, à Calas.

Su' vous!

CALAS.

Que dit-on?

LAURENT, hésitant.

Qu'... qu'vous s'rez condamné... (Mouvement d'effroi.) Mais y sont déja pus d' deux cents là bas, sur la grande place... et on dit qu' la moitié de la ville est pour vous; qu'tous les pauv's pleurent à chaudes larmes; qu'les ouvriers des faubourgs sont tout prêts à se révolter; qu'y vous appellent leux père, leux bienfaiteur... enfin, qu' si y avait queuqu'un... seulement là... vous comprenez... comme qui dirait pour arranger tout ça et se mettre à leux tête... on s'rait capable d' mett' la ville à feu et à sang, putôt que d' vous laisser monter su' l'échafaud!

ÉDOUARD.

Se peut-il?

MADAME CALAS.

Ah! mon ami, s'il était condamné, et qu'on pût l'arracher des mains du bourreau...

CALAS.

Moi, faire couler le sang!

ÉDOUARD.

Où... comment as-tu recueilli ces bruits?

LAURENT.

Pardi, dans toute la ville... on n' s'en cache pas... on parle... on parle...

ÉDOUARD.

C'en est assez.

CALAS.

Que dites-vous?... qu'allez-vous faire?

ÉDOUARD.

Je vous ai défendu devant vos juges; j'ai

fait pour les éclairer tout ce qui est au pouvoir de l'homme!... s'ils écoutent leur conscience, la vérité, la raison, votre cause est gagnée!... s'ils vous condamnent, je cours leur épargner un crime!

CALAS, *le retenant.*

Juste ciel! revenez de cette erreur funeste! injuste ou mérité, tout jugement émane d'une source sacrée.

ÉDOUARD.

Vous êtes innocent et le père de mon épouse.

CALAS.

Arrêtez, vous dis-je; je vous défends...

PAULINE, *l'entraînant.*

Édouard, sauvez mon père!

MADAME CALAS.

Mon fils, sauvez mon époux!

CALAS.

Vous l'envoyez à sa perte!

MADAME CALAS, PAULINE, JACOB.

Allez... allez...

ÉDOUARD.

Oui, si le ciel n'a pas ordonné la mort de l'innocent, je vous rendrai l'objet de votre amour.

CALAS.

Arrêtez... arrêtez...

SCÈNE VIII.

CALAS, Mme CALAS, PAULINE, JACOB, JEANNETTE.

CALAS.

Hélas! qu'avez-vous fait? Faut-il que mon malheur s'augmente des maux affreux que j'entrevois encore! Ah! je vous en conjure, volez sur les pas d'Édouard. Toi, ma fille, toi, surtout, songe qu'il est ton époux. Ton devoir est de l'arrêter quand il court à sa perte.

PAULINE.

Mon premier devoir est de sauver mon père. Je l'avoue, mon cœur frémit pour Édouard; mais, loin de l'arrêter, je l'exciterais encore... Ah! qu'il vous arrache à la mort, au prix de ses jours et des miens!

JACOB.

Ah! mon cher maître, voici les juges qui sortent du conseil.

MADAME CALAS.

Grand Dieu!

PAULINE.

O mon père! (*Ils tremblent tous.*)

CALAS.

Eh bien! ma fille, mon amie, n'attendions-nous pas leur retour? Mon jugement est rendu, mon sort est fixé, je n'ai donc plus de combats à soutenir; il ne me reste qu'à me soumettre à la volonté de Dieu.

MADAME CALAS.

Tout mon sang se glace!

JACOB et JEANNETTE.

Les voici.

(*Les portes de la salle du conseil s'ouvrent, des huissiers se placent sur les deux côtés. Au même instant, les trois grandes croisées du fond s'ouvrent et laissent voir la place couverte de peuple. Des soldats entrent par les deux galeries, et garnissent tout l'intérieur du fond, empêchant le peuple de se précipiter dans la salle par les croisées ouvertes. Alors tout le conseil, les juges, assesseurs, etc., sort de la chambre de justice; le Capitoul est au milieu d'eux. Tout le monde se range dans l'ordre convenable. La musique continue pendant toute la scène suivante. Le Capitoul appelle un officier, et lui remet un ordre écrit, en lui montrant Calas, et lui prescrivant la plus grande diligence. L'officier surpris jette un regard de compassion sur la famille Calas, et sort comme à regret. Un autre officier s'avance et reçoit aussi du Capitoul un ordre concernant les troupes, et gagne le fond de la salle; du geste, donne un ordre, et aussitôt plusieurs pelotons de soldats entrent par les galeries, et défilent ensuite par l'autre, en traversant la place publique. Pendant ces divers mouvements, l'inquiétude, l'effroi de la famille Calas sont toujours croissants. Ils observent tout dans le plus grand trouble; Calas seul est calme.*)

SCÈNE IX.

LE CAPITOUL, CALAS, Mme CALAS, PAULINE, JACOB, JEANNETTE, JUGES, ASSESSEURS, GENS DE JUSTICE, HUISSIERS, etc. SOLDATS, PEUPLE.

MADAME CALAS, *à part.*

O ciel! que signifient ces ordres?... ces apprêts?

LE CAPITOUL.

Madame, je vous invite, au nom du conseil, à vous retirer, ainsi que mademoiselle. (*Toutes deux se rapprochent de Calas et le regardent avec effroi.*) Vous m'avez entendu, veuillez vous éloigner.

MADAME CALAS.

Non, monsieur, ma fille et moi nous resterons. Je vous déclare que je n'abandonnerai pas mon époux! comme lui je suis innocente ou coupable! nos sentiments, nos actions sont les mêmes! nous ne devons rien séparer dans notre sort! si vous le condamnez, toute la famille marchera au supplice!... Viens, ma fille, entourons de nos bras le corps de ton père! (*Elles l'embrassent.*) Monsieur le Capitoul, me voilà: prononcez! le même coup va nous frapper tous les trois!

(*Le Capitoul paraît ému; tous les juges font un mouvement qui marque la compassion.*)

CALAS, *avec chaleur.*

Eh bien, monsieur?

LE CAPITOUL.

Persistez-vous à nier le crime dont vous êtes coupable?

CALAS.

Je n'ai point commis de crime, mon cœur

et mes mains sont purs; mais, hélas! vous allez peut-être en commettre un bien grand!

LE CAPITOUL.

Persistez-vous également à taire le nom de vos complices?

CALAS.

Eh! s'il n'existe point de crime, comment se pourrait-il qu'il y eût des complices?

LE CAPITOUL.

Ainsi vous repoussez, par un silence coupable, la clémence du ciel et l'indulgence des hommes.

CALAS.

Je les implore, au contraire : le plus juste en a besoin. Mais vous, monsieur, songez ainsi que moi que Dieu vous voit, et qu'il va vous entendre.

LE CAPITOUL.

Écoutez votre jugement.

(Un juge s'approche, et remet le jugement au Capitoul, qui le déploie lentement et comme avec effroi. Calas attend, les yeux élevés vers le ciel; sa femme et sa fille, pressées contre lui, l'implorent avec ferveur. Jacob et Jeannette semblent aussi prier de l'autre côté de la salle.)

MADAME CALAS, d'une voix affaiblie.

O mon Dieu! tu sais qu'il est innocent; détourne de lui la mort.

(Le Capitoul avance quelques pas, et semble hésiter un moment, puis il lit.)

LE CAPITOUL, lisant.

« Le tribunal assemblé, ayant reconnu qu'un « meurtre a été commis sur la personne d'An- « toine Calas ; que la cause et les circonstances « de ce meurtre lui ont été révélées par le té- « moin Ambroise, sous la garantie du ser- « ment, et qu'il résulte des dépositions qu'au- « cun autre que Jean Calas n'a pu exécuter ce « crime ; le tribunal, à la majorité de sept « voix contre cinq, condamne Jean Calas à la « peine capitale. »

(Il rend le papier au juge; madame Calas, Pauline, Jeannette et Jacob jettent un cri de douleur; les deux premières tombent aux genoux de Calas, baisant ses mains qu'elles tiennent, et suffoquées par les sanglots.)

MADAME CALAS et PAULINE, ne pouvant s'exprimer.

Cher époux!... mon père!...

LE CAPITOUL, plus rapidement.

« Et, attendu les menaces de quelques fac- « tieux, dont le parlement est instruit, ordon- « nons que le condamné sera conduit à l'instant « au supplice (madame Calas et Pauline se relèvent, à mesure qu'il parle, au comble du désespoir et de l'effroi.) « et que les magistrats resteront assemblés jus- « qu'au moment où la cloche du beffroi an- « noncera la mort du coupable. » (A deux officiers.) Exécutez les ordres du tribunal.

(Mouvement général.)

MADAME CALAS.

Il est donc vrai!... ah! je te suis à la mort...

rien au monde ne t'arrachera de mes bras!... le bourreau n'osera pas te frapper sur mon sein.

CALAS.

Grand Dieu!... O chère épouse, que fais-tu?... où donc est ton courage, ta noble résignation?... L'instant est venu pour nous d'accomplir les plus grands, les plus sublimes devoirs que l'Éternel prescrive aux hommes!... Oui, mon trépas et ta vie un jour serviront d'exemple; que cette idée nous remplisse de toute la force de Dieu même! et pour supporter les dernières douleurs de ce monde, regardons dans l'éternité!... je vais avec mon fils y préparer ta place.

LE CAPITOUL.

C'est assez différer; qu'on le mène au supplice.

CALAS.

Ah! laissez-moi les embrasser pour la dernière fois. (Jacob et Jeannette se précipitent vers lui, et baisent ses mains qu'il tend avec affection.) Adieu... adieu, mes amis... ma fille... mon épouse... mon Dieu, protége ma famille... Je défends à Édouard de chercher à venger ma mort. Je pardonne à mes ennemis... je pardonne à mes juges... Puisse le ciel leur pardonner aussi!... Allons... Pauline, soutiens ta mère... adieu... adieu.

(Il veut sortir pendant que sa femme est presque évanouie dans les bras de Pauline.)

PAULINE.

Ma mère!... on l'entraîne!... ah!...

MADAME CALAS, rappelée à elle, courant à son époux.

Arrête!... arrête!...

CALAS.

Grand Dieu!...

PAULINE.

Mon père!...

CALAS.

Au nom du ciel, abrégez mon supplice!

(On sépare de force Calas et sa famille, et on l'entraîne : il passe sur la place derrière les fenêtres de la salle. Pendant ce temps, le Capitoul et les juges rentrent dans la chambre du conseil, et les soldats se retirent. Jacob a suivi son maître. Pauline et Jeannette ont placé dans un fauteuil madame Calas, qui est sans connaissance. Pauline est à ses pieds, la tête appuyée sur ses genoux; et Jeannette, derrière elle, tient son mouchoir ou son tablier sur ses yeux. C'est alors qu'Ambroise, agité par une terreur secrète, paraît au fond de la salle, entre et s'avance en regardant le groupe des trois femmes, dont il n'est point aperçu; lorsqu'en même temps un commissionnaire tenant une lettre , paraît sur la place, et regarde dans la salle au travers des fenêtres.)

SCÈNE X.

Mme **CALAS, PAULINE, JEANNETTE**, groupées d'un côté; **AMBROISE**, de l'autre côté, et peu après **LE COMMISSIONNAIRE**, entrant d'un air craintif, et cherchant des yeux; à la fin de la scène, **JACOB**.

AMBROISE, regardant le groupe.

Voilà donc mon ouvrage !... j'ai satisfait ma haine... j'ai consommé ma vengeance !... Mais, grand Dieu ! si l'on savait...

LE COMMISSIONNAIRE.

Enfin on m'a laissé entrer !... d'puis sept heures du matin que j' cherche à parler au... (Apercevant madame Calas.) Ah ! mon Dieu, quoique j' vois là ?... c'est c'te pauv' madame Calas. (Il s'essuie les yeux.)

AMBROISE, à part.

Sortons d'ici... j'éprouve un horrible tourment !...

LE COMMISSIONNAIRE, le heurtant.

Ah !... pardon... Vot' serviteur, monsieur.

AMBROISE.

Que veux-tu ?

LE COMMISSIONNAIRE.

Rien. C'est une lett' que j'apporte au Capitoul.

AMBROISE.

Une lettre !... (Il le ramène avec un peu d'inquiétude.)

PAULINE, toujours occupée de sa mère.

Hélas !... elle ne revient pas !

JEANNETTE, se désolant.

Et nous sommes sans secours !

AMBROISE, au commissionnaire.

Une lettre pour le Capitoul ?... de quelle part ?

LE COMMISSIONNAIRE.

Oh! c'est ben vrai ! t'nez, la v'là (la tirant de sa poche, et lisant l'adresse.) A monsieur le Capitoul...

AMBROISE, la prenant avec défiance.

Oui... à monsieur le Capitoul... (Le commissionnaire est occupé de madame Calas, Ambroise dit à part.) Dieu! je reconnais l'écriture ! c'est de lui.

LE COMMISSIONNAIRE.

Hem ? vous connaissez ?...

AMBROISE.

A quelle heure t'a-t-on remis cette lettre?

LE COMMISSIONNAIRE.

Ma foi, sur les huit heures, y s' faisait nuit.

AMBROISE.

Dans quel endroit de la ville ?

LE COMMISSIONNAIRE.

Hélas! monsieur... pas ben loin d' chez monsieur Calas.

AMBROISE.

Mon ami, tu ne peux voir le Capitoul.

LE COMMISSIONNAIRE.

Ah ! mon Dieu.

AMBROISE.

Mais tout-à-l'heure, je dois être admis en sa présence... je me charge de lui remettre cette lettre... tu peux être tranquille.

(Madame Calas commence à reprendre connaissance.)

LE COMMISSIONNAIRE.

Quoi! monsieur, vous auriez c'te bonté!

AMBROISE.

Dans l'instant... va, va, mon ami.

LE COMMISSIONNAIRE.

Ben obligé, mon bon monsieur. (Regardant madame Calas.) Pauv' dame !... pauv' famille... (A Ambroise qui lui fait signe de sortir.) V'là que j'm'en vas, monsieur ; j'vous suis ben obligé.

(Il sort.)

PAULINE.

Elle respire !... Elle ouvre les yeux.

JEANNETTE.

Madame !...

PAULINE.

Ma mère !...

AMBROISE, qui a ouvert la lettre.

(Il lit bas.)

MADAME CALAS.

Où suis-je ?...

AMBROISE, après avoir lu.

Dieu !... ô Providence !... j'étais perdu ! (Il jette autour de lui des regards effrayés et commence à déchirer la lettre.) Anéantissons.

UN GREFFIER, sortant de la chambre du conseil.

Monsieur, le Capitoul vous demande.

AMBROISE, inquiet et cachant la lettre.

Le Capitoul...

LE GREFFIER.

Il m'ordonne de vous conduire à l'instant près de lui.

AMBROISE.

Je vous suis. (Froissant la lettre et la cachant dans son sein.) Qu'elle ne paraisse jamais !

(Il suit le greffier à la salle du conseil.)

SCÈNE XI.

Mme **CALAS, PAULINE, JEANNETTE.**

MADAME CALAS, se levant, soutenue par sa fille et Jeannette.

Quelle obscurité m'environne ! où est mon fils, où est mon époux ?... quoi! je suis seule!

PAULINE.

Non, ma mère... nous sommes avec toi.

MADAME CALAS, *les regardant.*

Oui... c'est vous... ma fille! pourquoi pleu-rez-vous?

(Elles se détournent pour cacher leurs larmes ; alors madame Calas regarde autour d'elle , cherche à rappeler ses idées, parcourt la salle, lit tour-à-tour sur les portes latérales les inscriptions qu'elles portent, et reprenant toute sa force, toutes ses idées, jette un cri déchirant.)

Ah! mon époux est allé à la mort. (Elle veut s'élancer hors de la salle.)

PAULINE, JEANNETTE.

Ma mère!... Madame...

MADAME CALAS, *entraînant Pauline.*

Viens, viens, ma fille... Allons mourir avec lui.

JEANNETTE, *l'arrêtant.*

Ah! madame, ne sortez pas... ne sortez pas.

(Des pas précipités et des cris se font entendre.)

MADAME CALAS.

Dieu... quel bruit... quel tumulte!

PAULINE, JEANNETTE.

C'est Édouard. (Édouard accourt, entraînant avec lui le commissionnaire, et suivi d'une foule de personnes et de Jacob.)

∞∞∞∞∞∞∞∞∞∞∞∞∞∞∞∞∞∞∞∞∞∞∞∞∞∞∞∞∞∞∞∞∞∞∞∞∞∞

SCÈNE XII.

Les Précédents , ÉDOUARD, JACOB, le Commissionnaire, une foule de personnes garnissant le fond.

TOUS, *courant au-devant d'Édouard.*

Mon époux!... mon père!... mon maître!..

ÉDOUARD.

Ah! madame, j'ai peut-être sa justification... une lettre de votre fils.

TOUS.

Une lettre.

ÉDOUARD , *au Commissionnaire qui tremble.*

Où est cet homme à qui tu l'as remise?... où est-il?... où est-il?

LE COMMISSIONNAIRE.

Mon Dieu!... c'était là... je n' sais pas... attendez... il est allé la porter au Capitoul.

ÉDOUARD.

Ah! courons...

(Les portes s'ouvrent et le Capitoul paraît ; à sa vue tout le monde jette un cri et s'arrête.)

∞∞∞∞∞∞∞∞∞∞∞∞∞∞∞∞∞∞∞∞∞∞∞∞∞∞∞∞∞∞∞∞∞∞∞∞∞∞

SCÈNE XIII.

Les Précédents, LE CAPITOUL, AMBROISE, tous les Juges, etc., peu après LE Peuple et les Soldats.

LE CAPITOUL.

D'où peut venir ce tumulte?... ce rassemblement?

(Tous les juges, etc., sortent de la chambre du conseil, et remplissent la scène.)

ÉDOUARD , *au commissionnaire, à mesure que les juges sortent.*

Regarde bien : est-ce lui?

LE COMMISSIONNAIRE.

Non.

ÉDOUARD.

Lui?

LE COMMISSIONNAIRE.

Non.

MADAME CALAS.

Je tremble!

ÉDOUARD.

Prends bien garde.

LE COMMISSIONNAIRE, *les suivant tous.*

Non, non, non... ah! (Ambroise paraît.) Le v'là, monsieur, le v'là ; c'est à lui qu'j'ai donné la lett'.

TOUTE LA FAMILLE.

Ambroise.

LE CAPITOUL.

Que signifie?...

ÉDOUARD.

Ce traître tient en son pouvoir une lettre qui vous fut adressée : tout annonce qu'elle justifie Calas ; elle est de son fils.

AMBROISE.

Moi?

LE CAPITOUL.

Une lettre.

ÉDOUARD.

Ordonnez qu'on la lui arrache, ou je vous rends responsable de la mort de l'innocent.

AMBROISE.

Arrêtez.

TOUS.

Ordonnez... ordonnez.

LE CAPITOUL.

Emparez-vous de lui.

(Des soldats le saisissent et on le fouille.)

MADAME CALAS.

Hâtez-vous... hâtez-vous... mon époux marche à la mort.

(Édouard lève la lettre en l'air, la montrant à tout le monde.)

TOUS.

La voilà.

LE CAPITOUL.

Donnez! (Le Capitoul ouvre et lit précipitamment. Mouvement général autour de lui.) « Qu'on n'accuse « personne de mon trépas. Ambroise m'a con-« duit dans l'abîme, et je vais me donner la « mort. » (Se tournant vers Ambroise.) Malheureux!

MADAME CALAS.

Sauvez mon époux.

LE CAPITOUL.

Courez! volez.

ÉDOUARD , *saisissant la lettre*

Donnez, donnez, j'y serai le premier.

AMBROISE, à part.

Je suis perdu!

(Édouard court, agitant la lettre en signe de victoire; tout le monde se précipite sur ses pas. Tout le fond du théâtre n'offre qu'un groupe immense de personnages. Comme Édouard va s'élancer hors de la salle, un coup de beffroi retentit : tout s'arrête. Un tremblement universel s'empare de tous les personnages; le beffroi continue à sonner lentement. A chaque coup, le groupe entier recule d'un pas, et vient ainsi, en chancelant, jusque sur l'avant-scène. Là madame Calas et Pauline tombent à genoux; le Capitoul se renverse dans un fauteuil, se cachant la figure; et tous les juges, groupés autour de lui, semblent craindre que les murs ne s'écroulent sur eux. Ambroise est entouré de soldats, qui tournent avec un geste de fureur leurs épées contre lui. Le peuple accourt et remplit la place publique.)

ÉDOUARD, tenant toujours la lettre.

C'en est fait! le crime est consommé! l'innocent expire!... Écoutez ces sons lugubres; ils retentiront à jamais dans vos ames! Les siècles à venir les entendront encore, et le nom de Calas sera gravé dans l'histoire, en caractères de sang!

(Ambroise, renversé par les soldats, tombe un genou en terre, et se voit entouré de glaives levés sur lui.)

Ma mère, Pauline, Calas va recevoir la couronne du martyre!

FIN DE CALAS.

PARIS. — IMPRIMERIE NORMALE DE JULES DIDOT L'AINE, n° 4, boulevart d'Enfer.